PRA

YER

THAT
GETS
RESULTS

The Key to Your Survival

PRAYER THAT GETS RESULTS

© 2005 Clarion Call Marketing

Published by Clarion Call Marketing
P.O. Box 610010
Dallas, TX 75261

All rights reserved. No portion of this book may be reproduced, stored in a retrieval system, or transmitted in any form or by any means — electronic, mechanical, photocopy, recording, or any other — except for brief quotations in printed reviews, without prior permission of the publisher.

Printed in the United States of America

All rights reserved
Korean Copyright © 2006 by Grace Publisher
178-94 Soongin 2dong Jongro-ku Seoul Korea

PRAYER
THAT GETS RESULTS

응답받는 기도의 비밀

베니 힌 저

김유진 역

영적 승리를 위한 핵심

역자 소개

김유진 목사

토론토 주사랑 교회
http://www.joosarang.ca
joosarangca@naver.com

서울대 동물생명공학
토론토대 M.Div.(Knox)
Tyndale Seminary(M.Div.)

◆ 역서 ◆
「정말 지옥은 있습니다」, 「정말 천국은 있습니다」, 「그 분이 나를 만지셨네」,
「베니 힌 그 능력의 근원」, 「그 능력의 비밀」

PRAYER THAT GETS RESULTS
응답받는 기도의 비밀

인쇄일 2006년 2월 25일
발행일 2006년 3월 5일
지은이 베니 힌
역은이 김유진
펴낸이 장사경
펴낸곳 Grace Publisher(은혜출판사)
출판등록 제 1-618호(1988. 1. 7)
주소 서울 종로구 숭인2동 178-94
전화 744-4029
FAX 744-6578

ⓒ 2006 Grace Publisher, Printed in Korea
ISBN 89-7917-736-4 03230

▶은혜기획 : • 기획에서 편집(모든 도서)까지 저렴한 가격으로 출판대행
• 모든 인쇄(포스터, 팜플렛, 광고문) 등을 저렴한 가격으로 제작대행
(T) 744-4029, (F) 744-6578

C·O·N·T·E·N·T·S

머리말 · 오늘날 가장 필요한 것 _ 11

CHAPTER 1 모델 기도 _ 17

CHAPTER 2 예수님의 삶 속에서 드려진 기도 _ 41

CHAPTER 3 끈질긴 기도의 결과들 _ 55

CHAPTER 4 기도하지 않는 원인과 결과들 _ 73

CHAPTER 5 기도 없는 삶으로부터의 극복 _ 89

CHAPTER 6 기도의 능력 _ 101

CHAPTER 7 기도응답의 적시 적소에 있으라 _ 123

CHAPTER 8 세 가지 기도 세계 _ 137

CHAPTER 9 금식기도를 통한 기도생활의 진보 _ 149

CHAPTER 10 효과적인 기도로 가는 단계 _ 173

역자 후기 _ 195

INTRODUCTION
머리말

오늘날 가장 필요한 것

너는 내게 부르짖으라 내가 네게 응답하겠고
네가 알지 못하는 크고 비밀한 일을 네게 보이리라

(예레미야 33:3)

오늘날 교회가 직면한 가장 큰 필요는 무엇입니까?
그것은 기도입니다!
전 세계에서 모인 1300명의 목회자들을 대상으로 한 설문 조사에서 이 질문이 제시되었습니다. 설문 조사에 응한 분들에게 3700여 가지 이슈들의 리스트가 주어졌습니다. 또한 설문지에는 추가적인 사항들을 적을 수 있도록 의견 난도 있었습니다. 대부분의 대답들은 예측했던 것들이었습니다. 낙태(10위), 결혼(7위), 무관심(6위), 5위는 교리, 4위는 전도, 3위는 리더쉽, 그리고 2위는 훈련이었습니다.

그렇다면 1위는 무엇이었을까요?

그것은 기도였습니다.

이들 목회자들에 의하면 오늘날 기독교인들이 직면한 가장 큰 필요는 개인의 삶과 교회의 삶 속에서의 지속적이고 열정적인 기도였습니다. 오늘날 믿는 자들이 직면한 가장 큰 문제는 기도해야 한다는 도전입니다. 그리고 오늘날 교회가 직면한 가장 큰 문제도 기도해야 한다는 것입니다.

전능하신 하나님은 여러분의 심령 속에 기도가 잉태되길 원하십니다. 이것이 여러분이 가지고 있는 하나님과의 관계에서의 해답입니다. 다가오는 현실 세계에서 생존하기 위한 핵심입니다. 응답 받는 기도가 없다면 앞으로의 험난한 시대에 힘없고 무능한 사람들이 될 것입니다.

당신은 어떻습니까? 만약 여러분이 권능과 충만하심이 영원하신 하나님의 임재 속으로 들어가게 된다면 여러분의 삶이 어떻게 변화되리라고 생각하십니까? 여러분의 삶이 어떻게 달라질 수 있을까요? 여러분의 대화들, 관계들, 생각들, 목표들, 행동들이 어떻게 변할 것이라고 생각하십니까?

때를 따라 여러분의 기도가 응답되어진다면 어떤 변화가 일어날까요? 만약 여러분이 날마다 전능하신 하나님과 연락이 잘 된다면 여러분의 삶이 어떻게 바뀔 수 있을까요?

여러분이 매일 하나님의 임재하심을 누리는 것과 여러분의 기도가 응답되는 것은 가능한 일입니다. 어떻게 알 수 있냐고요? 성경은 기도에 응답하시겠다는 하나님의 약속들로 가득 차 있기 때문입니다.

저(솔로몬)에게 이르시되 네가 내 앞에서 기도하며 간구함을 내가 들었은즉 내가 너의 건축한 이 전을 거룩하게 구별하여 나의 이름을 영영히 그곳에 두며 나의 눈과 나의 마음이 항상 거기 있으리니 (왕상 9:3)

여호와께서 내 간구를 들으셨음이여 여호와께서 내 기도를 받으시리로다 (시 6:9)

내가 또 너희에게 이르노니 구하라 그러면 너희에게 주실 것이요 찾으라 그러면 찾을 것이요 문을 두드리라 그러면 너희에게 열릴 것이니 구하는 이마다 받을 것이요 찾는 이가 찾을 것이요 두드리는 이에게 열릴 것이니라 (눅 11:9-10)

그러므로 우리가 긍휼하심을 받고 때를 따라 돕는 은혜를 얻기 위하여 은혜의 보좌 앞에 담대히 나아갈 것이니라
(히 4:16)

주의 눈은 의인을 향하시고 그의 귀는 저의 간구에 기울이시되 주의 낯은 악행하는 자들을 향하시느니라 하였느니라
(벧전 3:12)

이러므로 너희 죄를 서로 고하며 병 낫기를 위하여 서로 기도하라 의인의 간구는 역사하는 힘이 많으니라 (약 5:16)

전능하신 하나님은 그 아들을 이 땅에 보내사 우리의 구원을

위하여 죽게 하셨고 영원한 구속을 제공하셨으며 아담이 타락하기 전에 누렸던 하나님과의 관계를 회복시키셨습니다.

하나님은 우리가 권능 있는 삶을 살아가며 주님과 온전한 교제를 할 수 있도록 돕기 위하여 성령님을 이 땅에 보내셨으나 아직도 많은 사람들이 이 특권을 알지 못해 누리지 못하고 있습니다. 그들은 물을 것입니다.

- 내가 부를 때에 하나님께서 들으실까?
- 주님이 진정으로 내 모든 삶 속에 관여하실까?
- 그분을 아주 친밀하게 알 수 있을까?
- 그분의 음성 듣는 법을 배울 수 있을까?
- 높으신 하나님이 인간의 일에 개입하실까?

대답은 '네' 입니다!
진정으로 사모하며 온 힘을 다하여 주님과의 친밀한 교제를 원하십니까? 이 책을 읽으실 때에 응답 받는 기도를 어떻게 해야 하는지를 주님께서 여러분에게 보여 주시길 바라며, 실제적으로 능력 받아 응답 받는 기도를 드리는 모든 성도님들 되시길 기도합니다.

C·H·A·P·T·E·R 1

모델 기도
THE MODEL PRAYER

이것은 주님이 우리에게
가르쳐 주신 기도이다.
주님은 우리를 살아계신
아버지의 존전으로 안내하신다.
거기에서 드리는 우리의 기도는
반드시 응답 될 것이다.

— 앤드류 머레이(Andrew Murray) —

CHAPTER 1 모델 기도

성경은 기록합니다. "예수께서 한 곳에서 기도하시고 마치시매 제자 중 하나가 여짜오되 주여 요한이 자기 제자들에게 기도를 가르친 것과 같이 우리에게도 가르쳐 주옵소서(눅11:1)."

주님을 향한 제자들의 가장 큰 요청 중의 하나는 "주여, 우리에게도 기도를 가르쳐 주옵소서."였습니다. 주님을 사모하여 외치는 그들의 음성이 아직도 우리의 귓전에서 메아리 치는 것 같습니다.

왜 제자들은 이런 다급한 요청을 드리게 된 것일까요? 하나님을 알고자 하는 영적 배고픔이 그들 심령 속에 자리잡고 있었기 때문입니다.

효과적인 기도란 무한한 가능성의 세계로 우리를 이끄시는 하나님의 초청입니다. 기도는 시간의 제한을 통과하여 영원한 세계로 우리를 이끌어 줍니다. "우리에게 기도를 가르쳐 주옵소서."라고 외치던 제자들의 요청에 대한 주님의 대답은 마치 지금 우리 앞에서 말씀하시는 것처럼 생생하고 신선하게 느껴집니다. 좋은 기도의 모델은

수천 개의 설교 가치보다 더 큰 가치가 있다는 것을 주님은 아셨습니다. 주님 자신도 기도를 그렇게 하셨기 때문입니다. 비록 제자들의 요청에 의하여 주님께서는 주기도문을 가르쳐 주셨지만 이것은 요즘 이 시대에도 우리가 따라야 할 능력 있는 모범 기도입니다. 이 책을 통하여 기도에 대한 가르침을 시작하면서 주님이 가르쳐 주신 '주기도문'을 먼저 공부하는 것이 가장 좋은 시작이라고 생각합니다.

기도의 패턴

원래 '주기도문'의 뜻은 '주님이 가르쳐 주신 기도'라는 뜻입니다. 사실 주님이 본을 보여 주시고 들려 주신 그리고 장시간에 걸쳐서 기록 되어진 기도는 요한복음 17장에 나와 있는 주님의 기도에 대한 기록입니다. 주기도문은 주님이 하시는 기도라는 뜻보다는 제자들의 기도일 수도 있습니다. 왜냐하면 주기도문은 우리가 드려야 할 기도의 기초가 되기 때문입니다. 주기도문은 주문이 아닙니다. 주기도문은 예배 때만 외우는 암송 기도도 아닙니다.

주님은 주기도문을 통하여 우리가 날마다 주님을 부르며 기도생활을 할 수 있는 기본적이고 분명한 가르침을 전하고 있습니다. 주님

CHAPTER 1 모델 기도

께서 말씀하십니다.

> 또 너희가 기도할 때에 외식하는 자와 같이 되지 말라 저희는 사람에게 보이려고 회당과 큰 거리 어귀에 서서 기도하기를 좋아하느니라 내가 진실로 너희에게 이르노니 저희는 자기 상을 이미 받았느니라 너는 기도할 때에 네 골방에 들어가 문을 닫고 은밀한 중에 계신 네 아버지께 기도하라 은밀한 중에 보시는 네 아버지께서 갚으시리라 또 기도할 때에 이방인과 같이 중언부언하지 말라 저희는 말을 많이 하여야 들으실 줄 생각하느니라 그러므로 저희를 본받지 말라 구하기 전에 너희에게 있어야 할 것을 하나님 너희 아버지께서 아시느니라 (마태복음 6:5-8)

몇 년 전에 월간으로 발행되는 『무디지』에서 눈에 띄는 기사를 읽은 적이 있습니다.

주기도문은 수학과 같은 기도 공식이 아닙니다.
아무리 표현이 잘 되어 있더라도
예배 때만 드리는 예식 기도도 아니며
아무리 길더라도 우리 기도의 기하학이 될 수 없으며
아무리 듣기에 좋고 목소리가 아름답더라도

우리 기도의 음악이 될 수 없으며
아무리 좋은 학문의 재료라 할지라도
우리 기도의 논리가 될 수 없고
아무리 잘 정비된 것처럼 보이더라도
우리 기도의 방법론이 될 수 없고
아무리 교리적으로 잘 되어 있다 할지라도
우리 기도의 신학이 될 수 없습니다.
주기도문은 하나님이 직접 주관하고 계시며
열정적인 기도만이 응답을 끌어낼 수 있습니다.

열정적인 기도, 이것이 바로 우리 기도의 핵심입니다. 관계는 열정에 의해 만들어집니다. 친분도 열정으로부터 나옵니다. 지금 주님이 가르쳐 주신 기도를 공부하면서 하나님의 권능과 임재하심이 여러분 삶 속에 부은바 되어 하나님을 아는 지식으로 여러분의 심령이 충만하시기를 기도 드립니다.

"우리 아버지" (마 6:9)

진정한 기도는 하나님을 우리 아버지로 아는 것부터 시작합니다. 오직 성령님께서 하나님이 우리의 아버지이심을 알게 해 주십니다. 우리의 심령을 주님께 드리고 예수님을 우리의 주인 되신 구주로 영접할 때 거듭나게 되며 하나님이 우리의 아버지이신 것을 성령님께서 깨닫게 해 주십니다.

우리가 구원 받을 때 하나님은 전지하시며 전능하시며 무소부재하시고 불가능을 가능케 하시며 모든 주권이 하나님께 있음을 성령님께서는 알게 해 주십니다.

예수님께서 우리 주기도문의 시작을 "하늘에 계신 우리 아버지여"라고 가르쳐 주셨듯이 우리가 전적으로 하나님 아버지께 순종하며 살아가도록 인도하시는 것을 알 수 있습니다. 성령님께서 전능하신 하나님을 '아바 아버지'로 알게 해 주실 때부터 우리의 강력하고 효과적이고 열정적인 기도가 시작됩니다.

"하늘에 계신" (마 6:9)

"하늘에 계신"이라는 말씀은 인식의 문제입니다. 우리가 하나님을 아버지로 부르며 나아갈 때 그분의 권세가 이 땅에도 있고 하늘에도 있다는 것을 인식하는 것입니다.

시편 기자의 말에 우리는 동의합니다.

온 땅은 여호와를 두려워하며 세계의 모든 거민은 그를 경외할찌어다 (시 33:8)

우리는 하나님이 이 땅과 하늘을 다스리심을 선포합니다.

만물이 그에게 창조되되 하늘과 땅에서 보이는 것들과 보이지 않는 것들과 혹은 보좌들이나 주관들이나 정사들이나 권세들이나 만물이 다 그로 말미암고 그를 위하여 창조되었고 (골 1:16)

"이름이 거룩히 여김을 받으시오며" (마 6:9)

우리는 하나님께 나아가며 그분의 이름을 높이며 그 이름에 영광을 돌립니다. 하나님의 이름을 경외함이 없이 기도 드리는 것은 불가능합니다. 하나님의 이름들은 그분의 말씀을 통하여 알 수 있습니다.

엘로힘(Elohim)—'창조주'

구약 성경에서 2570번이나 사용된 단어이며 창세기 1장 1절에서 제일 먼저 사용되었습니다.

CHAPTER 1 모델 기도

"태초에 하나님이 천지를 창조하시니라"
하나님은 우리의 아버지이기 전에 세상 모든 만물을 창조하신 창조주이십니다. '엘로힘'은 창조와 권능과 연결되어 있습니다.

여호와 또는 야훼(Jehovah or Yahweh)

구약 성경에 6823번이나 기록되어 있습니다. 예를 들면 창세기 2장 7절입니다.

여호와 하나님이 흙으로 사람을 지으시고 생기를 그 코에 불어 넣으시니 사람이 생령이 된지라

아담을 창조하실 때 여호와의 이름이 나타났으며 그의 백성과 약속을 하실 때 사용되던 이름입니다. 구약 성경에서 이스라엘 백성과 약속하실 때 사용되던 이름이 '여호와' 입니다.

엘 샤다이(El Shaddai) – '전능하신 하나님', '나의 공급자', '나의 축복'

세 번째 하나님의 이름인 '엘 샤다이' 라는 이름은 구약에 7번 기록되어 있으며 아브라함에게 나타내신 이름입니다.

THE MODEL PRAYER

아브람의 구십 구세 때에 여호와께서 아브람에게 나타나서 그에게 이르시되 나는 전능한 하나님이라 너는 내 앞에서 행하여 완전하라 내가 내 언약을 나와 너 사이에 세워 너로 심히 번성케 하리라 하시니 (창 17:1-2)

아도나이(Adonai) – '주님', '주인님'

창세기 18장 3절에 사용된 이름입니다. 소돔과 고모라 성을 멸하시기 위하여 두 명의 천사와 함께 나타나신 하나님 앞에 달려간 아브라함은 하나님을 '주(아도나이)' 라고 부르며 아브라함의 장막 앞에서 하나님을 만났습니다.

가로되 내 주여 내가 주께 은혜를 입었사오면 원컨대 종을 떠나 지나가지 마옵시고 (창 18:3)

아브라함은 소돔과 고모라 성에서 조카 롯을 구하기 위하여 간절한 중보기도를 드리게 됩니다.

가까이 나아가 가로되 주께서 의인을 악인과 함께 멸하시려나이까 (창 18:23)

CHAPTER 1 모델 기도

구약 성경에 434번이나 쓰여져 있으며 '지배권' '소유권'의 뜻을 가지고 있습니다. 우리가 하나님을 '아도나이' 즉 주님이라고 부를 때 우리의 삶에 대한 그의 완전한 소유권을 인정하는 것이며 '나는 당신의 영원한 종입니다.' 라고 고백하는 것입니다.

여호와 이레(Jehovah Jireh)― '주가 예배 하신다', '나의 비전', '내 앞에 보이는 유일한 분'

창세기 22장 14절에 한 번 나타나는 유일한 이름입니다. 하나님을 향한 최고의 순종으로 아브라함은 하나님의 지시를 따라 아들 이삭을 모리아 산에서 제물로 드리게 됩니다. 제단을 쌓기로 한 장소에 아브라함이 이르렀을 때 이삭이 묻습니다.

이삭이 그 아비 아브라함에게 말하여 가로되 내 아버지여 하니 그가 가로되 내 아들아 내가 여기 있노라 이삭이 가로되 불과 나무는 있거니와 번제할 어린 양은 어디 있나이까 (창 22:7)

아브라함이 아들 이삭에게 말합니다.

아브라함이 가로되 아들아 번제할 어린 양은 하나님이 자기를 위

THE MODEL PRAYER

하여 친히 준비하시리라 하고 두 사람이 함께 나아가서 (8절)

말을 마친 아브라함은 아들을 묶고 팔을 들어 칼을 내리 치려고 할 때

사자가 가라사대 그 아이에게 네 손을 대지 말라 아무 일도 그에게 하지 말라 네가 네 아들 네 독자라도 내게 아끼지 아니하였으니 내가 이제야 네가 하나님을 경외하는 줄을 아노라 (12절)

아브라함은 옆의 수풀에 뿔이 걸려 있는 수양을 보게 됩니다. 이삭을 대신하여 제물이 될 수양을 보게 되었을 때 아브라함은 그 장소를 '여호와 이레' 라고 부릅니다.

아브라함이 그 땅 이름을 여호와 이레라 하였으므로 오늘까지 사람들이 이르기를 여호와의 산에서준비되리라 하더라 (14절)

이 사건을 계기로 하나님은 아들 예수 그리스도를 이 땅에 보내시어 예수님이 십자가를 지시고 죽게 될 하나님의 뜻을 드러내셨습니다. 주님이 말씀하셨습니다.

CHAPTER 1 모델 기도

너희 조상 아브라함은 나의 때 볼 것을 즐거워하다가 보고 기뻐하였느니라 (요 8:56)

여호와 라파(Jehovah Rophe)– '치료하시는 하나님'

구약성경에서 한 번 사용 되어지는 이름입니다. 출애굽기 15장 26절에 보면 이스라엘 민족을 애굽에서 이끌어 내신 이후에 이스라엘 백성과 세운 치료의 언약입니다.

가라사대 너희가 너희 하나님 나 여호와의 말을 청종하고 나의 보기에 의를 행하며 내 계명에 귀를 기울이며 내 모든 규례를 지키면 내가 애굽 사람에게 내린 모든 질병의 하나도 너희에게 내리지 아니하리니 나는 너희를 치료하는 여호와 임이니라

여호와 닛시(Jehovah Nissi)– '승리하시는 하나님', '깃발이 되시는 하나님'

출애굽기 17장 15절에 한 번 쓰여진 하나님의 이름입니다. 아말렉 군대가 이스라엘을 쳐들어 왔습니다. 전쟁을 하는 동안 모세가 손을 들면 전쟁을 이기고 손을 내리면 전쟁에서 밀렸습니다. 아론과 훌이 모세를 돌 위에 앉히고 전쟁을 이길 때까지 모세의 손을 들어 주었습니다.

모세가 단을 쌓고 그 이름을 여호와 닛시라 하고 (출 17:15)

여호와 미카데시(Jehovah Mikkadesh)―
'거룩하게 하시는 하나님'

하나님은 우리를 거룩하게 하시는 분입니다. '미카데시' 란 말은 히브리어 '카데시' 에서 비롯된 말로서 '거룩하게 하다, 깨끗하게 하다, 헌신되게 하다' 라는 뜻을 가지고 있습니다.

여호와께서 모세에게 일러 가라사대 너는 이스라엘 자손에게 고하여 이르기를 너희는 나의 안식일을 지키라 이는 나와 너희 사이에 너희 대대의 표징이니 나는 너희를 거룩하게 하는 여호와인 줄 너희로 알게 함이라 (출 31:12-13 ; 레위기 20:7-9 참조)

여호와 칫키누(Jehovah Tsidkenu)― '여호와는 나의 의'

예레미야 23장 5절~6절에서 처음 기록되고 다시 예레미야 33장 16절에 나타납니다.

'곧게 하다', '의롭게 하다' 라는 어원에서 비롯되었으며 '우리의 의가 되시는 하나님' 이란 뜻입니다. 예수 그리스도를 하나님의 아들로 영접하는 순간에 하나님께서 우리의 의가 되어 주십니다.

CHAPTER 1 모델 기도

나 여호와가 말하노라 보라 때가 이르리니 내가 다윗에게 한 의로운 가지를 일으킬 것이라 그가 왕이 되어 지혜롭게 행사하며 세상에서 공평과 정의를 행할 것이며 그의 날에 유다는 구원을 얻겠고 이스라엘은 평안히 거할 것이며 그 이름은 여호와 우리의 의라 일컬음을 받으리라 (예레미야 23:5-6)

여호와 샬롬(Jehovah Shalom) – '나의 평강이 되시는 주님', '주는 평화'

구약에 170번이나 사용되었습니다. 미디안 군대를 멸하기 위해서 기드온을 부르실 때 사용된 이름입니다.

기드온이 여호와를 위하여 거기서 단을 쌓고 이름을 여호와살롬이라 하였더라 그것이 오늘까지 아비에셀 사람에게 속한 오브라에 있더라 (사사기 6:24)

여호와 레아(Jehovah Rohi) – '여호와 나의 목자'

창세기 48장 15절, 49장 24절, 그리고 시편 23편 1절, 시편 80편 1절에 나타납니다. '목자' 또는 '친밀한 친구 관계, 가까운 우정'이라는 뜻이 들어 있습니다. 다윗이 "여호와는 나의 목자시니 내게 부족함이 없으리로다"(시 23:1)라고 고백했듯이

THE MODEL PRAYER

하나님과의 친밀한 관계를 나타내고 있으며 영적인 목자로서 하나님의 백성들을 이끄시고 보호하시는 목자의 이미지를 나타내주고 있습니다.

여호와 삼마(Jehovah Shammah) — '임재하심',
'여호와께서 거기 계시다'

선지자 에스겔이 적은 에스겔서 마지막 장인 48장 35절에 한 번 사용된 이름입니다. '삼마' 는 히브리어인 '샴(Sham)' 에서 왔으며 에스겔 선지자가 천국 왕국의 나팔과 하나님의 영광을 본 후 그가 언급한 '거기' 라는 말로 번역이 됩니다.

그 외에도 성경에 많은 이름들이 있으나 여기에 기록된 12개의 하나님의 이름은 그분의 속성을 잘 나타내 주고 있습니다. 기도할 때 하나님을 "아버지" 하고 부를 때 여러분은 하나님이 누구이신지를 선포하게 되며 하나님을, "나의 엘로힘, 나의 여호와, 나의 엘 샤다이, 나의 아도나이, 나의 여호와 이레, 나의 여호와 라파, 나의 여호와 닛시, 나의 미카데시, 나의 여호와 칫키누, 나의 여호와 샬롬, 나의 여호와 레아, 그리고 나의 여호와 삼마시여" 라고 부를 때 우리는 사랑과 경외하는 마음을 가지고 지성소에 나아가서 그분을 뵙게 됩니다.

CHAPTER 1 모델 기도

"나라이 임하옵시며" (마 6:10)

하나님의 나라는 무엇일까요? 누가복음 17장 21절에서는 하나님의 나라를 이렇게 나타내고 있습니다.

> 또 여기 있다 저기 있다고도 못하리니 하나님의 나라는 너희 안에 있느니라

성경에서는 하나님의 나라가 이 땅에서 보이는 나라가 아니라 성령 안에서 하늘에 속한 것들이라고 말합니다.

> 하나님의 나라는 먹는 것과 마시는 것이 아니요 오직 성령 안에서 의와 평강과 희락이라 (롬 14:17)

천국은 권능을 말하고 있습니다.

> 하나님의 나라는 말에 있지 아니하고 오직 능력에 있음이라
> (고전 4:20)

여러분이 주기도문 속에서 "나라이 임하옵시며"를 기도할 때는

하나님의 의, 평강, 기쁨, 권능이 성령님으로 말미암아 우리 가운데 부어지도록 간구하는 것입니다.

*"뜻이 하늘에서 이룬 것 같이
땅에서도 이루어지이다"* (마 6:10)

이 기도 속에는 하나님만이 아시는 비밀스런 하나님의 뜻과 우리에게 계시된 뜻이 들어 있습니다. 신명기 29장 29절 말씀입니다.

> 오묘한 일은 우리 하나님 여호와께 속하였거니와 나타난 일은 영구히 우리와 우리 자손에게 속하였나니 이는 우리로 이 율법의 모든 말씀을 행하게 하심이니라

하나님은 그분의 일을 비밀스럽게 눈에 보이지 않게 행하고 계십니다. 우리는 이런 그분의 뜻을 바꿀 수 없습니다.

> 땅의 모든 거민을 없는 것 같이 여기시며 하늘의 군사에게든지 땅의 거민에게든지 그는 자기 뜻대로 행하시나니 누가 그의 손을 금하든지 혹시 이르기를 네가 무엇을 하느냐 할 자가 없도다(단4:35)

그러나 눈에 보이게 우리가 알 수 있게 드러나는 하나님의 뜻이 있습니다. 이것을 분별하기 위해서 많은 영적 분별력을 요구하지는 않습니다. 하나님의 말씀을 공부하다 보면 금방 우리에게 계시된 하나님의 뜻을 말씀에서 찾을 수 있습니다. 예를 들면 바로 이런 말씀들입니다. 우리가 멸망하는 것은 하나님의 뜻이 아닙니다(벧후3:9). 죄가 우리 삶을 주관하는 것도 하나님의 뜻이 아닙니다(롬6:14). 우리를 멸망에서 구원하시고 사랑과 부드러운 자비로 우리를 감싸시는 것은 하나님의 뜻입니다(시 103:4). 우리의 입을 좋은 것으로 만족케 하셔서 독수리와 같이 새 힘을 갖게 하시는 것도 하나님의 뜻입니다(시 103:5). 그리고 이 모든 축복들은 "뜻이 하늘에서 이룬 것 같이 땅에서도 이루어지이다"라고 기도할 때 우리에게 임하게 될 것입니다.

"오늘날 우리에게 일용할 양식을 주옵시고" (마 6:11)

주님은 경외와 겸손으로 하나님 아버지를 섬기는 법을 가르쳐 주시고 우리의 날마다 삶 속에서 필요한 것들을 위하여 구하라고 말씀하셨습니다. 우리 삶에서 필요한 모든 것을 전적으로 주께 맡기며 구하라는 의미가 들어 있습니다. 영적으로 필요한 모든 것과 우리 육체에 필요한 것들을 구하라는 것입니다. 주님은 우리가 우리 자신을 아는 것보다 더 우리의 필요를 잘 알고 계십니다. 그러나 우리가 구하기 전까지는 아무것도 받을 수 없습니다. 야고보서 4장 2절에서는 이것을 말씀하셨습니다.

>너희가 얻지 못함은 구하지 아니함이요

우리는 필요로 하는 것들을 구해야 하며 그것을 받기 위해서는 믿음을 가지고 구해야 합니다.

>그를 향하여 우리의 가진바 담대한 것이 이것이니 그의 뜻대로 무엇을 구하면 들으심이라 우리가 무엇이든지 구하는 바를 들으시는 줄을 안즉 우리가 그에게 구한 그것을 얻은 줄을 또한 아느니라 (요일 5:14-15)

믿음을 가지고 구체적으로 구하면서 우리는 계속 주님을 의지해야 합니다. 믿음으로 구하면 우리 기도에 응답하시는 것은 하나님의 뜻입니다. 소경 바디메오처럼 응답을 받기 위해서 믿음으로 구해야 합니다.

CHAPTER 1 모델 기도

예수께서 일러 가라사대 네게 무엇을 하여주기를 원하느냐 소경이 가로되 선생님이여 보기를 원하나이다 예수께서 이르시되 가라 네 믿음이 너를 구원하였느니라 하시니 저가 곧 보게 되어 예수를 길에서 좇으니라 (막 10:51-52)

"우리 죄를 사하여 주옵시고" (마 6:12)

이제 필요한 것들을 얻기 위해서는 주를 의지하는 마음에서 회개하는 단계로 가야 합니다. 기도의 응답을 받기 위해서는 주를 전적으로 의지하는 것과 회개하는 두 가지 일이 병행되어야 합니다. 잠언서 28장 13절에서는 "자기의 죄를 숨기는 자는 형통치 못하나 죄를 자복하고 버리는 자는 불쌍히 여김을 받으리라"라고 말씀하셨습니다.

만일 우리가 우리 죄를 자백하면 저는 미쁘시고 의로우사 우리 죄를 사하시며 모든 불의에서 우리를 깨끗케 하실 것이요

(요일 1:9)

회개함이 없이는 죄 용서함이 없음을 알아야 합니다.

THE MODEL PRAYER

"우리가 우리에게 죄지은 자를 사하여 준 것 같이" (마 6:12)

용서는 양방향 도로와 같습니다. 우리가 다른 사람의 죄를 용서해야 우리 죄가 용서 받을 수 있습니다. 주님은 다른 사람을 용서하는 일이 우리에게 있어서 얼마나 중요한 것인가를 우리가 알길 원하십니다.

> 너희가 사람의 과실을 용서하면 너희 천부께서도 너희 과실을 용서하시려니와 너희가 사람의 과실을 용서하지 아니하면 너희 아버지께서도 너희 과실을 용서하지 아니하시리라 (마 6:14-15)

효과적인 기도란 하나님과 우리 사이의 관계, 우리와 사람들 사이의 관계가 온전히 정립될 때 가능합니다. 용서 받을 수 없는 두 가지의 죄가 있습니다. 하나는 성령님을 훼방하는 죄(마가복음 3장 22절-30절)이며 두 번째는 남을 용서하지 않는 죄입니다.

우리가 용서 받기 위해서는 반드시 남을 먼저 용서해야 합니다. 다른 사람을 용서하지 않은 채로 기도를 드리면 그 기도는 공허하며 능력이 없습니다. 오늘부터라도 여러분의 마음속 깊이 남을 용서해 보세요. 진정으로 용서 하세요. 또다시 용서해 보세요.

CHAPTER 1 모델 기도

*"우리를 시험에 들게 하지 마옵시고
다만 악에서 구하옵소서" (마 6:13)*

하나님의 인도하심과 보호하심을 구하는 것은 하나님의 뜻입니다.

이런 기도를 드릴 때 주님은 우리를 의로운 삶 가운데로 인도하시며 시편 91편 2절에서처럼 피난처로 안내해 줄 것입니다.

내가 여호와를 가리켜 말하기를 저는 나의 피난처요 나의 요새요

나의 의뢰하는 하나님이라 하리니 (시 91:2)

하나님의 보호하심과 인도하심을 기도하면 하나님의 권능이 우리 삶 속에 나타나 우리를 방해하는 마귀가 도망하게 될 것입니다.

내가 아뢰는 날에 내 원수가 물러가리니 하나님이 나를 도우심인

줄 아나이다 (시 56:9)

하나님께서는 그분의 비밀한 장소에 우리를 숨겨주실 것입니다.

주께서 저희를 주의 은밀한 곳에 숨기사 사람의 꾀에서 벗어나게

THE MODEL PRAYER

하시고 비밀히 장막에 감추사 구설의 다툼에서 면하게 하시리이다(시 31:20)

*"나라와 권세와 영광이
아버지께 영원히 있사옵나이다 아멘"* (마 6:13)

진실하고 효과적이고 승리하는 기도는 하나님 아버지로 시작하여 하나님 아버지로 마치게 됩니다. 왜냐하면 "그는 알파와 오메가요 처음과 나중이요 시작과 끝"(계 22:13)이 되시기 때문입니다.

C·H·A·P·T·E·R 2

예수님의 삶 속에서 드려진 기도
PRAYER IN THE LIFE OF OUR WONDERFUL LORD JESUS

기도는 우리가 더 큰 일을 하도록 하는 것이 아니라
기도 자체가 위대한 일이다.
우리는 기도를 더 큰 권능을 가지고
하나님의 일을 하기 위한
준비 운동으로 간주한다.
그러나 예수 그리스도의 가르침은 기도는
하나님의 권능에 의하여
다른 영혼들을 구원하는 기적의 역사이다.

— 오스왈드 체임버스(Oswald Chambers) —

CHAPTER 2 예수님의 삶 속에서 드려진 기도

방금 공부했던 영원한 진리들은 기도의 본을 보여주신 주님처럼 기도하지 않고서는 깊이 경험될 수 없는 것들이며 주님처럼 기도하게 되면 놀라운 기도의 권능이 우리의 삶 속에 나타날 것입니다. 주님은 기도하시기 위해서 종종 홀로 계신 시간들이 있었다고 성경은 기록합니다.

> 새벽 오히려 미명에 예수께서 일어나 나가 한적한 곳으로 가사 거기서 기도하시더니 시몬과 및 그와 함께 있는 자들이 예수의 뒤를 따라가 만나서 가로되 모든 사람이 주를 찾나이다
>
> (막 1:35-37)

히브리서 기자는 "주님이 이 땅에 계실 때에 죽음에서 능히 구원하실 수 있으신 분께 심한 통곡과 눈물로써 기도 드렸다."고 했습니다.

> 그는 육체에 계실 때에 자기를 죽음에서 능히 구원하실 이에게 심한 통곡과 눈물로 간구와 소원을 올렸고 그의 경외하심을 인하여 들으심을 얻었느니라 그가 아들이시라도 받으신 고난으로 순종함을 배워서 온전하게 되었은즉 자기를 순종하는 모든 자에게 영원한 구원의 근원이 되시고 (히 5:7-9)

주님께서는 기도의 능력을 알고 계셨으므로 아버지께 부르짖으며 기도 드렸습니다. 주님은 지금도 우리를 위하여 하늘 보좌 우편에서 중보기도를 하고 계십니다. 사실 기도는 예수님의 삶에 있어서 너무나도 중요한 것이었습니다.

> 그러므로 자기를 힘입어 하나님께 나아가는 자들을 온전히 구원하실 수 있으니 이는 그가 항상 살아서 저희를 위하여 간구하심이니라 (히 7:25)

예수님께서 이 땅에 계실 때에 기도는 그분에게 있어 없어서는 안 될 요소였습니다. 주님의 기도와 우리를 위한 중보기도는 대제사장으로서 주님의 사역이었으며 오늘날 우리 믿는 자들이 따라야 할 본이 됩니다.

CHAPTER 2   예수님의 삶 속에서 드려진 기도

기도는 주님의 삶과 사역에 하나님의 영광스러운 기름 부으심을 가져왔다

> 백성이 다 세례를 받을새 예수도 세례를 받으시고 기도하실 때에 하늘이 열리며 성령이 형체로 비둘기 같이 그의 위에 강림하시더니 하늘로서 소리가 나기를 너는 내 사랑하는 아들이라 내가 너를 기뻐하노라 하시니라 (눅 3:21-22)

주님이 세례를 받으시고 기도하실 때 하늘 문이 열리고 성령님이 임하셨습니다. 주님께서 기도하실 때 성령님이 임하신 것을 주목하십시오. 하나님의 뜻을 이루시기 위해 주님에게 성령님의 기름 부으심이 임하셨고 그분은 갈보리 언덕의 십자가에서 우리 모두를 위한 대속물이 되셨습니다.

기도로 마귀를 물리치신 주님

예수님께서 세례를 받으신 후 적과의 싸움을 준비하게 한 것은 기도였습니다. 마귀와의 싸움에서 이길 수 있게 한 힘도 주님의 기도 때문이었습니다. 또한 시험을 이기시고 성령님의 권능으로 광야에

서 돌아와 능력 있게 복음을 증거할 수 있었던 것도 주님의 기도 때문입니다(눅 4).

세례 받으시고 시험을 이기신 후에도 주님은 기도를 중단하지 않으셨습니다. 마가복음 1장 12절-13절에서는 예수님께서 시험 받으신 것을 기록하고 있습니다. 그러나 그 후 35절에서는 "새벽 오히려 미명에 예수께서 일어나 나가 한적한 곳으로 가사 거기서 기도하시더니"라고 기록되어 있습니다.

기도의 권능을 힘입어 적을 이기신 예수님은 기도하지 않으면 복음을 지속적으로 증거할 수 없다는 것도 아셨습니다.

> 이르시되 우리가 다른 가까운 마을들로 가자 거기서도 전도하리니 내가 이를 위하여 왔노라 하시고 (막 1:38)

주님을 지탱하는 힘도 기도였으며 주님으로 권능 있는 사역을 하게 할 수 있었던 것도 주님의 지속적인 기도생활 때문이었습니다. 우리 역시 하나님을 섬기며 권능 있는 사역과 신앙생활을 할 수 있는 비결도 쉬지 않고 드리는 지속적인 기도밖에 없습니다.

CHAPTER 2   예수님의 삶 속에서 드려진 기도

바리새인들의 악한 궤계를 기도로 막으신 주님

우리 구주 예수님께서는 악한 자들의 궤계에서 이길 수 있는 힘도 기도로 받으셨습니다.

> 저희(바리새인들)는 분기가 가득하여 예수를 어떻게 처치할 것을 서로 의논하니라 (눅 6:11)

누가복음 6장 12절에서 "이때에 예수께서 기도하시러 산으로 가사 밤이 맞도록 하나님께 기도하시고"라고 기록한 것처럼 주님은 오직 기도만이 자신을 안전하게 지킬 수 있다는 것을 아셨습니다.

결정하기 전에 기도하신 주님

주님께서는 그분의 삶을 보호하시기 위해 기도하셨을 뿐 아니라 12제자를 뽑는데 있어서 하나님의 지혜를 받기 위해서도 기도하셨습니다.

47

> 밝으매 그 제자들을 부르사 그 중에서 열 둘을 택하여 사도라 칭
> 하셨으니 (눅 6:13)

주님은 기도 없이 어떤 결정도 하지 않으셨습니다. 오늘날 많은 사람들이 결혼하고 사업을 하고 가족을 이끌어 가면서도 기도를 하지 않습니다. 아주 중요한 결정을 내려야 할 때도 기도하지 않고 나름대로 결정해 버립니다. 그리고 나서 문제가 생기고 난 후에야 하나님께 부르짖게 됩니다.

주님으로부터 배웁시다. 우리 미래의 삶에 영향을 미치는 것들을 개인적으로 먼저 결정하기 전에 기도로 주님께 아뢰며 인도를 받읍시다. 우리는 무릎을 꿇고 하나님의 인도하심을 구해야 합니다.

기도로 제자들을 보호하신 주님

주님은 기도로써 제자들을 보호하셨습니다. 마태복음 14장 23절-25절에서 우리에게 말씀하십니다.

> 무리를 보내신 후에 기도하러 따로 산에 올라가시다 저물매 거기 혼자 계시더니 배가 이미 육지에서 수리나 떠나서 바람이 거슬리

CHAPTER 2 예수님의 삶 속에서 드려진 기도

므로 무리를 인하여 고난을 당하더라 밤 사경에 예수께서 바다위
로 걸어서 제자들에게 오시니

예수님께서는 사경(새벽 3-6)에 폭풍 가운데 고생하는 제자들에게 물 위로 걸어 오셨습니다. 두려움 가운데 있는 제자들에게 주님은 다가가셨습니다. 제자들은 기쁘게 주님을 영접하였고 험한 물결 가운데에서 구원을 받았습니다.

나의 한 친구도 갈릴리 호수에서 배를 타고 가다가 갑자기 일어난 폭풍우에 휘말린 적이 있습니다. 갈릴리 호수는 산으로 둘러 쌓여 있으며, 넓이가 13km밖에 되지 않는 작은 호수이지만 갑자기 불어 닥치는 폭풍우로 인하여 생명의 위협을 느끼기까지 합니다. 아름답고 조용했던 호수는 돌연 무서운 호수로 돌변합니다. 나는 이 말씀을 읽으면서 당시의 상황이 충분히 이해가 되었습니다.

제자들은 주님으로 인하여 구원을 받았을 뿐만 아니라 그들의 배도 무서운 풍랑 가운데서 안전한 호숫가로 인도되었음을 성경은 기록하고 있습니다(요 6:21).

베드로가 예수님이 누구신지를 알도록 기도하신 주님

누가복음 9장 18절에 보면 가이사랴 빌립보에서 주님께서 홀로 기도하셨을 때의 일들을 기록하고 있습니다. 주님께서 기도를 마치신 후에 제자들에게 물으셨습니다.

"사람들이 나를 누구라고 하느냐?"

제자들은 아는 대로 대답합니다.

"가로되 더러는 세례 요한, 더러는 엘리야, 어떤 이는 예레미야나 선지자 중의 하나라 하나이다 (마16:14)"

그러자 주님은 물으십니다.

"가라사대 너희는 나를 누구라 하느냐 (마 16:15)"

베드로가 대답합니다.

"시몬 베드로가 대답하여 가로되 주는 그리스도시요 살아 계신 하나님의 아들이시니이다 (16절)"

마태복음 16장은 베드로가 이렇게 대답한 후의 일을 더 자세히 기록하고 있습니다.

"예수께서 대답하여 가라사대 바요나 시몬아 네가 복이 있도다 이를 네게 알게 한 이는 혈육이 아니요 하늘에 계신 내 아버지시니라 (17절)"

베드로가 예수님의 신분을 알게 된 것은 하나님 아버지께서 베

CHAPTER 2 예수님의 삶 속에서 드려진 기도

드로에게 드러내 주셨기 때문이며 이것도 예수님의 기도의 결과였습니다.

베드로가 멸망하는 것으로부터 구한 주님의 기도

누가복음에는 주님의 기도의 놀라운 비밀이 숨겨져 있습니다.

시몬아, 시몬아, 보라 사단이 밀 까부르듯 하려고 너희를 청구하였으나 그러나 내가 너를 위하여 네 믿음이 떨어지지 않기를 기도하였노니 너는 돌이킨 후에 네 형제를 굳게 하라 (눅 22:31-32)

사단은 베드로를 멸하려는 계획을 가지고 있었습니다. 베드로를 밀 까부르듯 흔드는 사단의 계획은 베드로를 통하여 이루고자 하시는 하나님의 뜻을 방해하는 사단의 음모였습니다. 베드로는 예수님을 그리스도로 고백했으며 주님으로부터 놀라운 약속을 받게 됩니다.

또 내가 네게 이르노니 너는 베드로라 내가 이 반석 위에 내 교회를 세우리니 음부의 권세가 이기지 못하리라 (마 16:18)

여기에서 말한 반석은 예수님이 그리스도시라는 베드로의 고백을 말하는 것이었습니다. 이 베드로의 고백 위에 하나님의 교회를 세우겠다는 하나님의 강한 의지가 있었습니다. 베드로에게는 놀라운 약속과 하나님의 권세가 주어졌지만 이것을 안 사단은 베드로를 멸하려고 했던 것입니다.

사단으로부터 베드로를 구한 것은 우리 주님의 기도였으며 사단의 궤계를 물리친 것도 주님의 기도였습니다. 가이사랴 빌립보 지방에서 베드로에게 임한 약속의 말씀을 이루게 한 것도 주님의 기도이며 베드로를 강하게 하셔서 예루살렘 교회의 기둥이 되게 하시고 다른 제자들을 훌륭한 사역자로 세우게 하신 것도 주님의 기도였습니다. 오순절 날에 강하게 쓰임 받게 된 베드로를 만든 것도 우리 주님의 기도의 결과였습니다.

기도하면 권능을 받습니다

주님의 열정적인 기도의 모습을 따라 간다면 여러분도 성령님의 갑절의 기름 부으심을 체험하게 될 줄로 믿습니다. 강한 성령님의 기름 부으심과 권능이 임하시게 되면 마귀의 역사를 이기고 모든 시험을 이길 수 있는 강한 내성이 생깁니다. 안전한 신앙생활과 성령님과

CHAPTER 2 예수님의 삶 속에서 드려진 기도

더 깊은 교제가 우리의 기도를 통해서 이루어집니다.
 여러분의 중보기도는 사랑하는 자들을 구하고 보호할 수 있습니다. 여러분이 무릎만 꿇는다면 믿지 않는 영혼들을 구원하여 하나님의 자녀로 변화시키게 될 것이며, 당신은 예수 그리스도로 인하여 하늘에 계신 우리 아버지께 영광과 존귀를 돌리게 될 것입니다!

C·H·A·P·T·E·R 3

끈질긴 기도의 결과들
RESULTS OF PERSEVERING PRAYER

그리스도인들은 기도에 대한 욕구를 가져야 한다.
그리스도인들은 기도하기를 원해야 한다.
이미 건강한 아이에게 음식을 강제로 먹일 필요는 없다.
운동과 양호한 혈액순환, 건강과 노동이 있을 때
음식을 필요로 하게 된다.
영적으로 건강한 사람들에게도 마찬가지이다.
영적으로 건강한 이들은 하나님의 말씀과
기도에 대한 강력한 욕구를 가지고 있다.

— 빌리 그래함(Dr. Billy Graham) —

CHAPTER 3 끈질긴 기도의 결과들

그리스 지방에서 구전되어 오는 재미있는 이야기가 있습니다. 한 젊은이가 유명한 철학자에게 가르침을 받고자 급하게 찾아왔습니다.

"저는 선생님으로부터 가르침과 지혜를 얻기 위해서 1500마일을 걸어서 아테네까지 왔습니다. 제게 가르침을 주십시오." 이 말을 들은 철학자는 "나를 따라 오게." 하며 어디론가 가기 시작했습니다. 선생이 어디를 가는지 궁금하여 따라가던 생도는 마침내 그가 도착한 곳이 바닷가인 것을 알게 되었습니다. 그들은 부드러운 바람을 맞으며 해변가를 걷다가 마침내 무릎이 찰 정도의 물속으로 들어갔습니다. 그러자 갑자기 선생은 생도의 머리를 잡아 물속에 넣었습니다. 생도는 나오려고 안간힘을 썼지만 워낙 선생의 힘이 강하여 허우적댈 뿐이었습니다. 한참 있다가 선생은 생도를 물에서 끄집어 내었고 숨이 찬 생도는 얼굴빛이 새파랗게 질려 있었습니다. 잠시 후 선생은 생도를 데리고 시장으로 가서 무엇을 먹게 하더니 다시 말없이 물가로 돌아 오려고 했습니다. 화가 난 생도는 "아니, 지혜를 가르쳐 달라고 했지 이게 뭡니까! 나를 무시하는 겁니까?" 하며 씩씩거렸습니다.

선생이 물었습니다.

"물속에 들어가 있을 때, 자네에게 가장 필요한 것이 무엇이었는가?"

"숨 쉬는 것입니다."

"물 속에서 자네가 애타게 필요했던 한 가지가 바로 숨쉬기였던 것 같이, 있는 힘을 다해 지혜 한 가지만을 찾기 위해 노력한다면 다른 사람을 좇아 다닐 필요가 없을 것이네."

이 한 가지

좀 냉정하게 들리는 이 이야기는 하나님과 우리 사이의 관계와는 별로 상관없는 이야기입니다. 단 여기서 이야기하는 포인트는 하나입니다. 지금 여러분에게 가장 필요한 그 한 가지는 무엇입니까? 목마른 사슴이 시냇물을 찾아 헤메이듯이 하나님을 향한 심한 배고픔과 갈증을 가지고 하나님을 찾으려는 노력이 없이는 기도 응

CHAPTER 3 끈질긴 기도의 결과들

답을 소유할 수 없습니다.

> 하나님이여 사슴이 시냇물을 찾기에 갈급함 같이 내 영혼이 주를 찾기에 갈급하니이다 (시 42:1)

기도 응답은 이런 영적 갈증과 배고픔에서 옵니다. 여러분이 원하는 그 한 가지는 무엇입니까?

사도 바울도 그가 원하는 한 가지가 있었습니다. 빌립보서 3장 13절-14절에서는 이렇게 기록하고 있습니다.

> 형제들아 나는 아직 내가 잡은 줄로 여기지 아니하고 오직 한일 즉 뒤에 있는 것은 잊어버리고 앞에 있는 것을 잡으려고 푯대를 향하여 그리스도 예수 안에서 하나님이 위에서 부르신 부름의 상을 위하여 좇아가노라

그가 원했던 그 한 가지는 그가 예수 안에서 죽는 것이었습니다. 육체가 죽고 그의 정욕이 죽고 그의 과거를 잊고 육체의 자랑거리들을 다 묻어 버리는 것이었습니다. 그가 간절히 사모했던 것은 무엇입니까? 무엇이 그의 인생에 있어 가장 큰 소망이었습니까? 그것은 바로 예수 그리스도로 충만해지는 것입니다. 주님과 완벽하게 하나되

는 것이었습니다. 그가 원했던 그 한 가지, 가장 열망했던 것은 자신에 대하여 죽고 그리스도 안에서 발견되는 것이었습니다. 빌립보서 3장 10절에서 "내가 그리스도와 그 부활의 권능과 그 고난에 참예함을 알려 하여 그의 죽으심을 본받아"라고 고백한 것처럼 사도 바울의 가장 큰 소망은 그에게서 오직 주님만을 드러내고 자신은 완전히 사라지는 것이었습니다. 그는 예수님 안에서 죽고 예수님 안에서 살기를 원했습니다. 그에게서 사시는 분은 오직 주님이시기를 바랬습니다. 그는 낮아지고 주님은 높아지고 예수 그리스도의 형상으로 옷 입기만을 그 누구보다도 원했던 것입니다.

그는 이 세상에서 승리하는 법을 알았습니다. 마태복음 16장 24절에서 "누구든지 나를 따라오려거든 자기를 부인하고 자기 십자가를 지고 나를 좇을 것이니라"고 하신 말씀의 뜻을 알고 있었습니다. 자신이 완전히 100% 죽는 것만이 주님께 100% 속할 수 있다는 것을 알았습니다.

여러분도 사도 바울처럼 이렇게 울부짖으며 기도하고 있습니까? 이 기도 제목이 여러분에게 중요하게 여겨지고 있습니까? 예수님처럼 되기 위해서 기도하십니까? 자아가 죽기 위하여 기도하십니까?

여러분이 드리는 기도의 목적은 무엇입니까? 주님의 형상이 여러분 가운데 이루어지도록 기도하고 있습니까?

온 마음과 온 영과 온 힘을 다해 드리는 깊이 있는 기도를 체험하게 된다면 하나님의 능력 있는 응답은 여러분의 삶 속에 부어지게 될 것입니다.

기도는 여러분의 마음과 심령을 더욱 진실하게 합니다

기도의 능력을 소유하는 첫 번째 단계는 다음 성경에서 찾아볼 수 있습니다.

> 웃시야왕의 죽던 해에 내가 본즉 주께서 높이 들린 보좌에 앉으셨는데 그 옷자락은 성전에 가득하였고 스랍들은 모셔 섰는데 각기 여섯 날개가 있어 그 둘로는 그 얼굴을 가리었고 그 둘로는 그 발을 가리었고 그 둘로는 날며 서로 창화하여 가로되 거룩하다 거룩하다 거룩하다 만군의 여호와여 그 영광이 온 땅에 충만하도다 이 같이 창화하는 자의 소리로 인하여 문지방의 터가 요동하며 집에 연기가 충만한지라 그 때에 내가 말하되 화로다 나여 망하게 되었도다 나는 입술이 부정한 사람이요 입술이 부정한 백성 중에 거하면서 만군의 여호와이신 왕을 뵈었음이로다 (사 6:1-5)

이사야는 그의 기도 가운데 하나님을 보았고 하나님의 영광을 보았습니다. 그는 기도 가운데 스랍 천사들을 보았습니다. 또한 자신의 영적인 더러운 모습도 보게 됩니다. 그가 죄악된 백성 가운데 거한다는 것도 알았습니다. 그리고 "화 있도다 나여 망하게 되었도다" 하면서 주님께 부르짖으며 자신의 입술이 부정한 자라는 것을 고백했습니다.

이사야는 기도했기 때문에 자신의 영적인 상태를 알게 된 것입니다. 기도는 마치 영적인 거울과 같습니다. 기도할 때에 우리 심령 속에 있는 죄악들을 볼 수 있게 됩니다. 이사야가 "화 있도다"하면서 외쳤던 것처럼 우리도 기도 중에 외칠 때에 하나님의 능력이 임하여 우리의 삶이 놀랍게 변화되게 될 것입니다.

오직 기도를 통해서만이 우리 심령 속에 들어 있는 것들을 드러나게 합니다. 오직 기도만이 하나님의 도움의 손길을 얻게 합니다.

CHAPTER 3 끈질긴 기도의 결과들

기도는 여러분이 지은 모든 죄에서
정결하게 하는 힘이 있습니다

다윗은 말합니다.

> 자기 허물을 능히 깨달을 자 누구리요 나를 숨은 허물에서 벗어 나게 하소서 또 주의 종으로 고범죄를 짓지 말게 하사 그 죄가 나 를 주장치 못하게 하소서 그리하시면 내가 정직하여 큰 죄과에서 벗어나겠나이다 (시 19:12-13)

죄로부터 정결하기를 원한다면 다윗처럼 부르짖으십시오.
"나로 정직하게 하소서!"
하나님께 부르짖는 기도생활을 하게 된다면 여러분은 정직한 삶을 살게 될 것입니다. 하나님 앞에서 의로운 삶을 살아가게 될 것입니다.
호세아 10장12절에서는 다음과 같이 우리에게 말씀하고 있습니다.

> 너희가 자기를 위하여 의를 심고 긍휼을 거두라 지금이 곧 여호 와를 찾을 때니 너희 묵은 땅을 기경하라 마침내 여호와께서 임

RESULTS OF PERSEVERING PRAYER

하사 의를 비처럼 너희에게 내리시리라

시편 119편 2절과 3절에서 다윗은 이렇게 선언합니다.

여호와의 증거를 지키고 전심으로 여호와를 구하는 자가 복이 있
도다 실로 저희는 불의를 행치 아니하고 주의 도를 행하는도다

온 힘을 다해 하나님을 찾을 때만 거룩한 삶을 살아갈 수 있는 능력을 받게 됩니다. 온 힘을 다해 하나님을 찾게 되면 영적으로 강한 자가 되며 그의 뜻대로 살아갈 수 있는 능력을 받게 됩니다. 여러분이 죄에서 자유하기 위하여 기도드리게 되면 기도한 대로 죄를 다스리게 될 것입니다.

기도는 하나님과 동행하게 합니다

시편 기자는 기도합니다. "나의 걸음이 주의 길을 굳게 지키고 실족지 아니하였나이다"(시 17:5). 기도하면 하나님과 항상 동행하게 됩니다. 하나님의 능력은 여러분의 미래를 더욱 안전하게 할 것입니다.

하나님과 동행하는 방법은 기도를 통해 철저하게 그를 의지하는 것입니다. "아브람의 구십 구세 때에 여호와께서 아브람에게 나타나서 그에게 이르시되 나는 전능한 하나님이라 너는 내 앞에서 행하여 완전하라"(창 17:1)라고 성경은 말씀하십니다.

우리가 기도 가운데 기다릴 때에 하나님께서는 우리를 새롭게 하시고 힘을 주십니다.

> 오직 여호와를 앙망하는 자는 새 힘을 얻으리니 독수리의 날개치며 올라감 같을 것이요 달음박질하여도 곤비치 아니하겠고 걸어가도 피곤치 아니하리로다 (사 40:31)

주님을 기다리며 간절히 찾게 되면 그분의 약속은 우리의 것이 될 줄로 믿습니다. 우리의 힘이 새로워져서 적을 물리치게 될 것입니다. 독수리 날개 치며 하늘로 솟아 오르듯 우리도 새 힘을 얻게 될 것입니다. 주님을 기다리는 자들은 성령의 바람을 분별하여 그 바람을 타고 솟아 오르게 될 것입니다.

하나님을 앙모하는 자는 피곤치 않고 새 힘을 받을 것입니다. 그러나 기도하지 않으면 이 모든 일들은 불가능해집니다. 요엘 2장 25절에서는 "내가 전에 너희에게 보낸 큰 군대 곧 메뚜기와 늣과 황충과 팟종이의 먹은 햇수대로 너희에게 갚아주리니"라고 말하고 있습니다. 기도하게 되면 회복과 부흥의 역사가 일어날 것입니다.

하나님의 약속은 또한 우리가 걸으나 피곤치 아니할 것이라고 말씀하셨습니다. 하나님과 함께 걷는 것은 매일 주님과의 교제이며 기도의 결과로써 오는 하나님과 아주 친밀한 관계가 되는 것입니다.

기도하면 여러분의 심령이 말씀으로 가득 차게 됩니다

시편 기자는 우리에게 이렇게 가르쳐 주고 있습니다. "내 눈을 열어서 주의 법의 기이한 것을 보게 하소서"(시 119:18).

오직 기도만이 우리로 하여금 시편 119편 97절~100절의 말씀처럼 "내가 주의 법을 어찌 그리 사랑하는지요 내가 그것을 종일 묵상하나이다 주의 계명이 항상 나와 함께하므로 그것이 나로 원수보다 지혜롭게 하나이다 내가 주의 증거를 묵상하므로 나의 명철함이 나의 모든 스승보다 승하며 주의 법도를 지키므로 나의 명철함이 노인보다 승하니이다"라고 부르짖게 됩니다.

기도할 때 말씀에 대한 갈급함이 생기게 됩니다. 하나님 말씀에 대한 거룩한 굶주림은 기도의 결과입니다.

CHAPTER 3 끈질긴 기도의 결과들

기도할수록 지혜와 이해력이 증가합니다

야고보서 1장 5절-6절에서는 "너희 중에 누구든지 지혜가 부족하거든 모든 사람에게 후히 주시고 꾸짖지 아니하시는 하나님께 구하라 그리하면 주시리라 오직 믿음으로 구하고 조금도 의심하지 말라 의심하는 자는 마치 바람에 밀려 요동하는 바다 물결 같으니"라고 말씀하셨습니다.

어떠한 마귀의 역사도 이길 수 있는 지혜를 주시겠다고 주님은 말씀하셨습니다(눅 21:15). 그러나 받기 위해서는 구해야 합니다. 기도하면 지혜가 임합니다.

> 내 아들아 네가 만일 나의 말을 받으며 나의 계명을 네게 간직하며 네 귀를 지혜에 기울이며 네 마음을 명철에 두며 지식을 불러 구하며 명철을 얻으려고 소리를 높이며 은을 구하는 것 같이 그것을 구하며 감추인 보배를 찾는 것 같이 그것을 찾으면 여호와 경외하기를 깨달으며 하나님을 알게 되니 대저 여호와는 지혜를 주시며 지식과 명철을 그 입에서 내심이며 그는 정직한 자를 위하여 완전한 지혜를 예비하시며 행실이 온전한 자에게 방패가 되시나니 (잠언 2:1-7)

나는 다시금 강조합니다. 여러분은 숨겨진 보물을 찾듯이 지혜를 간구해야 합니다. 오직 기도만이 지혜를 갖게 합니다.

사도 바울이 골로새 교인들의 믿음을 들었을 때 그는 골로새 교인들에게 지혜가 충만하길 기도하며 이렇게 편지를 썼습니다.

이로써 우리도 듣던 날부터 너희를 위하여 기도하기를 그치지 아니하고 구하노니 너희로 하여금 모든 신령한 지혜와 총명에 하나님의 뜻을 아는 것으로 채우게 하시고 (골 1:9)

저는 여러분 모두가 기도로 지혜를 소유하기 원합니다. D.L. 무디도 이렇게 말씀했습니다.

"무릎을 꿇고 기도하는 그리스도인은 입술로만 이야기하는 철학자의 지혜보다 훨씬 낫다."

기도하면 성령님의 전능을 받습니다

제자들이 모였을 때 주님이 말씀하셨습니다.

사도와 같이 모이사 저희에게 분부하여 가라사대 예루살렘을 떠나지 말고 내게 들은바 아버지의 약속하신 것을 기다리라 요한은 물로 세례를 베풀었으나 너희는 몇 날이 못되어 성령으로 세례를 받으리라 하셨느니라 저희가 모였을 때에 예수께 묻자와 가로되 주께서 이스라엘 나라를 회복하심이 이 때니이까 하니 가라사대 때와 기한은 아버지께서 자기의 권한에 두셨으니 너희의 알바 아니요 오직 성령이 너희에게 임하시면 너희가 권능을 받고⋯

(행 1:4-8 전반부)

성령이 임하시면 제자들이 권능을 받게 될 것이고 땅끝까지 이르러 내 증인이 될 것이라고 주님은 말씀하셨습니다.

⋯예루살렘과 온 유대와 사마리아와 땅 끝까지 이르러 내 증인이 되리라 하시니라 (행 1:8 후반부)

이 말을 들은 제자들은 모여서 기도와 간구를 힘썼습니다.

여자들과 예수의 모친 마리아와 예수의 아우들로 더불어 마음을 같이 하여 전혀 기도에 힘쓰니라 (행 1:14)

마침내 오순절 날이 이르렀을 때 성령님은 임하셨습니다.

RESULTS OF PERSEVERING PRAYER

> 홀연히 하늘로부터 급하고 강한 바람 같은 소리가 있어 저희 앉은 집에 가득하며 (행 2:2)

오순절 날 120명의 문도들이 성령님의 폭포수와 같은 기름 부으심을 받을 수 있었던 것은 자리를 떠나지 않고 부르짖은 기도의 결과였습니다. 기도는 그들의 삶을 변화시켰으며 예수 그리스도의 부활을 증거하는 강력한 군사로 그들을 거듭나게 했습니다.

> 빌기를 다하매 모인 곳이 진동하더니 무리가 다 성령이 충만하여 담대히 하나님의 말씀을 전하니라 믿는 무리가 한 마음과 한 뜻이 되어 모든 물건을 서로 통용하고 제 재물을 조금이라도 제 것이라 하는 이가 하나도 없더라 사도들이 큰 권능으로 주 예수의 부활을 증거하니 무리가 큰 은혜를 얻어 (행 4:31-33)

우리가 기도할 때 성령님의 권능이 임할 것이고 하나님의 약속의 말씀이 이루어질 것입니다.

> 그 날에는 너희가 아무 것도 내게 묻지 아니하리라 내가 진실로 진실로 너희에게 이르노니 너희가 무엇이든지 아버지께 구하는 것을 내 이름으로 주시리라 지금까지는 너희가 내 이름으로 아무

CHAPTER 3 끈질긴 기도의 결과들

것도 구하지 아니하였으나 구하라 그리하면 받으리니 너희 기쁨이 충만하리라 (요 16:23-24)

CHAPTER 4

기도하지 않는 원인과 결과들

ROOTS AND RESULTS OF PRAYERLESSNESS

죄는 하나님과의 교제를 단절시킨다.
만약 어린 딸 아이가 죄를 지었고 그 어머니는 그것을 알게 되었다면
그 어머니는 딸을 추궁할 것이다.
딸의 얼굴에 웃음이 사라지고 먹구름이 그녀의 얼굴을 덮으며
"엄마, 나 지금 말하고 싶지 않아요."라고 말하며
그 자리를 회피했다.
우리의 삶 속에서도 죄로 인해
하나님과의 교제가 끊어질 때 이와 똑같은 적용이 이루어진다.
죄를 지으면 하나님과 대화하고 싶지 않게 된다.
하나님께 기도하지 않고 있다는 생각이 들 때
그때가 즉시로 기도를 시작해야 되는 시점이라는 것을 알아야 한다.

― 빌리 그래함(Dr. Billy Graham) ―

CHAPTER 4 기도하지 않는 원인과 결과들

이 세상에서 가장 강한 사람은 기도하는 사람입니다. 이를 알고 있는 적들은 우리가 기도하는 것을 방해하려고 갖은 방법을 동원하고 있습니다. 이러한 사단의 계획에 넘어간 사람들은 무력해지고 마귀를 대적할 힘을 잃으며 참담한 실패를 경험하게 됩니다.

왜 기도하지 않을까요?

최초로 기도가 중단된 곳은 에덴 동산입니다. 바로 아담이 타락했기 때문이었지요.

그들이 날이 서늘할 때에 동산에 거니시는 여호와 하나님의 음성을 듣고 아담과 그 아내가 여호와 하나님의 낯을 피하여 동산 나무 사이에 숨은지라 여호와 하나님이 아담을 부르시며 그에게 이르시되 네가 어디 있느냐 가로되 내가 동산에서 하나님의 소리를 듣고 내가 벗었으므로 두려워하여 숨었나이다 (창 3:8-10)

죄가 아담과 하와에게 들어갔을 때 그들은 죄로 인하여 두려워서 나무 뒤로 숨었습니다. 하나님의 면전에서 벗어나 숨으려는 노력이 바로 기도 없는 삶의 시작이었습니다. 그들이 지은 죄가 기도를 못하게 하나님으로부터 멀어지게 한 것입니다. 보호 받기 위해 하나님 안에 숨었던 것이 아니라 죄로 인한 두려움 때문에 하나님으로부터 벗어나 숨는 것이 기도 없는 삶입니다. 주 안으로 숨는 것은 기도입니다. 우리는 주를 벗어나면 안 됩니다. 숨더라도 주 안에 숨어야 합니다. 우리가 하나님 안에 숨을 때는 적들로부터 보호 받으나 하나님을 벗어나 숨을 때에는 보호 받을 수 없습니다. 우리가 주님 안으로 숨을 때 그분은 우리의 피난처 되시며 요새시며 구원자, 보호자, 방패가 되십니다. 기도하지 않으면 수많은 영혼들의 삶 속에 불행과 실패를 가져 옵니다.

"기도하지 않는 것이 죄"라고 성경은 선포합니다. 우리는 하나님을 벗어나 숨는 존재들이 아니라 그를 향하여 찾아가야 하는 존재들입니다. 사무엘 선지자는 이런 이유로 이스라엘 백성들에게 다음과 같은 고백을 하였습니다.

CHAPTER 4 기도하지 않는 원인과 결과들

나는 너희를 위하여 기도하기를 쉬는 죄를 여호와 앞에 결단코
범치 아니하고 선하고 의로운 도로 너희를 가르칠 것인즉

(삼상 12:23)

오늘날 가장 절실한 것은 죄로부터의 해방입니다. 효과적인 기도를 원하십니까? 먼저 기도하지 않은 것에 대하여 회개 하십시오. 기억하십시오. 연약해서 기도 못하는 것이 아니라 회개하지 않기 때문에 기도하지 못하는 것입니다. 우리의 기도를 막는 가장 큰 이유는 죄 때문입니다. 하나님으로부터 멀어지게 하는 것이 죄입니다. 회개해야 죄의 담이 무너집니다.

하나님 안에서의 기쁨이 없으므로

기도하지 않는 이유는 그들의 심령 속에 주님 안에서의 기쁨이 없기 때문입니다. 욥기 27장에 의하면 사악한 자나 불의한 자는 하나님의 기쁨을 구하지도 않으며 하나님을 부르지도 않는다고 했습니다 (7절-10절). 그러나 시편 기자는 "또 여호와를 기뻐하라 저가 네 마음의 소원을 이루어 주시리로다(시 37:4)"라고 명령합니다. 주 안에서 기뻐할 것인가, 아닌가는 우리가 선택해야 할 이슈입니다. 하나님

의 자녀로서 우리는 주 안에서 기도로 말미암아 기뻐하는 삶을 살아야 합니다.

하나님을 아는 지식이 없으므로

기도하지 않는 사람은 하나님을 아는 지식이 없기 때문에 기도할 제목들이 줄어들게 됩니다. 시편 기자는 "죄악을 행하는 자는 다 무지하뇨 저희가 떡 먹듯이 내 백성을 먹으면서 여호와를 부르지 아니하는도다(시 14:4)"라고 고백했습니다.

골로새서 1장 10절에서는 우리가 하나님의 백성으로서 주께 합당히 행하여 범사에 기쁘시게 하고 모든 선한 일에 열매를 맺으며 하나님을 아는 것에 자라 가라고 권면합니다.

하나님을 아는 지식이 증가할수록 우리는 더욱 기도하게 될 것입니다.

CHAPTER 4 기도하지 않는 원인과 결과들

하나님을 거부하기 때문에

기도하지 않는 사람들은 하나님과 동행하는 것을 거부합니다. 스바냐 1장3절-5절에 의하면 "그들은 우상 숭배자들이며 그들의 의지는 마귀에게 속하였고 하나님과 동행하는 것을 거부한다"고 기록했습니다. 스바냐 1장 6절에서는 "여호와를 배반하고 좇지 아니한 자와 여호와를 찾지도 아니하며 구하지도 아니한 자를 멸절하리라"고 말씀합니다.

기도하지 않음의 결과들

기도하지 않으면 삶은 비참해지고 재앙이 넘치게 될 것입니다. 욥기서 21장은 선포합니다.

악인(7절)이 하나님께 말하기를 "우리를 떠나소서 우리가 주의 도리 알기를 즐겨 하지 아니하나이다(14절)"라고 외친다고 기록하고 있습니다.

기도하지 않으면 하나님을 알고자 하는 지식을 구하지 않게 됩니다. 그들은 "전능자가 누구기에 우리가 섬기며 우리가 그에게 기도한들 무슨 이익을 얻으랴"(욥 21:15)라고 말하고 있습니다. 그들은 오직 이익을 따라 하나님을 찾게 됩니다. 하나님이 어떤 분이신지에 대해서는 관심이 없고 그들이 필요할 때만 하나님을 찾게 됩니다. 그러나 이것은 진정한 기도가 아니라고 하나님은 분명하게 말씀하십니다. 진정한 기도자는 하나님이 무엇을 해줄 것인가를 찾지 않고 하나님이 누구이신지를 찾게 됩니다.

기도하지 않으면 무슨 일들이 일어날까요? 욥기 21장의 모습은 참담하고 무서운 기도 없는 삶의 결과인 것을 잊지 마시기 바랍니다.

기도하지 않으면 선한 것을 맛볼 수 없습니다

기도하지 않는 사람들은 진정한 선(가장 좋은 것)이 무엇인지 알지 못합니다. 욥기서 21장 16절 전반부에서는 "그들의 복록이 그들의 손으로 말미암은 것이 아니니라"라고 했습니다. 복록과 같은 좋은 것들이 그들의 손에 주어지지 않습니다. 그들에게는 악한 것들만이 기다리고 있습니다. 어떤 선한 것들도 기도하지 않는 자들에게 오지 않습니다.

CHAPTER 4 기도하지 않는 원인과 결과들

기도하지 않으면 방향을 잃습니다

더 나아가 16절 후반부에서는 "악인의 계획은 나와 판이하니라"라고 말하고 있습니다. "악인에게는 인도하심이 없다"라고 했습니다. 상상해 보십시오. 길 잃은 장소에 나침반도 없고 도와줄 사람도 없고 안내자도 없다면 얼마나 참담할까요. 하나님의 인도하심은 그들에게 결코 임하지 않습니다. 기도하지 않으면 하나님의 인도하심이 사라지게 됩니다. 내 힘으로 살아야 합니다. "기도 안 하는 자는 악하다"라고 성경은 기록합니다. 그들 앞에는 혼동과 무질서만 있을 뿐입니다.

기도하지 않으면 빛이 없습니다

욥기 21장 17절에는 "악인의 등불이 꺼짐"을 말씀하시며 기도하지 않는 자에게는 빛이 없다고 선포합니다.

빛은 사라지고 오직 어두움만이 있습니다. 그러므로 항상 어두움 속에서 걷게 되고 빛의 왕국에 속하는 것이 아니라 어두움의 왕국에 속하게 됩니다.

기도하지 않으면 완전한 파괴만 있습니다

17절에 계속됩니다. "재앙이 그들에게 임함"을 말씀하십니다. 기도하지 않으면 오직 파괴만이 있을 뿐입니다. 무섭고 어마어마한 파괴가 따라 온다는 것입니다. 그들이 하는 일마다 무너지게 됩니다. 그들이 짓는 것마다 폐허가 됩니다. 그들에게 남는 것은 아무것도 없게 되고 오직 무너짐만 있을 뿐입니다.

기도하지 않으면 기쁨이 사라집니다

17절 후반부에서는 "하나님이 진노하사 그들을 곤고케 하심"이라고 기록합니다. 기쁨이 없는 삶을 상상해 보십시오. 기쁨과는 거리가 먼 삶, 오직 불평만이 있는 삶은 기도하지 않는 비참한 결과들입니다.

기도하지 않으면 비축된 것들도 없어집니다

욥기 21장 18절에는 기도하지 않으면 "바람 앞에 검불 같이" 되어 비축시킬 것이 없게 된다고 기록합니다.

검불이나 겨는 곡식이 사라지고 남은 빈 껍데기들입니다. 기도하지 않으면 저축되어지는 양식이 사라집니다. 기도할 때만이 우리 재산이 지켜지고 창고에 곡식이 차게 됩니다. 기도할 때만이 우리의 삶이 안전해 집니다. 기도할 때만이 우리가 짓는 것들이 견고하게 됩니다. 그러므로 마귀는 각가지 이상한 이론과 교리로 믿는 자들을 유혹합니다. 에베소서 4장 14절에서는 "이는 우리가 이제부터 어린 아이가 되지 아니하여 사람의 궤술과 간사한 유혹에 빠져 모든 교훈의 풍조에 밀려 요동치 않게 하려 함이라"고 명령하셨습니다. 기도하지 않는 자들은 쉽게 이상한 이론에 넘어가고 현혹되게 됩니다. 기도하지 않으면 인내력도 사라지고 넘어지기 쉽습니다. 기도할 때 말씀이 여러분을 지탱하게 해 줄 것입니다. 기도할 때 넘어지지 않고 걷게 만듭니다. 기도하지 않는 자들은 들판에 남겨진 검불같이 쓸모 없는 외톨이가 됩니다.

기도하지 않으면 폭풍을 피할 수 없게 됩니다

욥기 21장 18절 후반부에서 "폭풍에 불려가는 겨 같이 되는 일이 몇 번이나 있었느냐"라는 기록을 주시하십시오. 기도 없는 인생은

'폭풍에 불려가는 겨' 와 같다고 말합니다. 겨는 곡식을 제거하고 남은 찌꺼기입니다. 곡식을 줄기에서 떼어내고 껍질을 벗깁니다. 껍질을 벗기고 공기 중에 키질을 하면서 흔들면 겨는 바람에 날라가 버리고 안 쪽에 곡식만이 남게 됩니다. 겨는 바람에 저항할 힘이 없습니다. 폭풍으로부터 보호해 줄 안전지대도 없습니다. 폭풍우는 기도하는 자에게나 기도하지 않는 자에게 동일하게 불어 오지만 기도하는 자에게는 폭풍우를 막아줄 수 있는 분이 있습니다. 만약 기도하지 않는다면 폭풍우 때문에 쓰러지고 말 것입니다. 오직 무릎으로서만 다가오는 모든 인생의 폭풍우들을 막아낼 수 있는 것입니다.

기도하지 않으면 자녀들에게 슬픔이 임합니다

욥기서 21장 19절 전반부에는 "하나님이 그의 죄악을 쌓아 두셨다가 그 자손에게 갚으신다 하거니와 그 몸에 갚으셔서 그로 깨닫게 하셔야 할 것이라"고 기록하고 있습니다.

생각해 보십시오. 여러분이 기도하지 않을 때 그 뿌린 씨앗의 안 좋은 열매들을 여러분들의 자녀들이 거두게 된다는 사실입니다. 기도하지 않으면 자손들에게 슬픔과 고통의 열매를 물려주게 됩니다. 그러나 기도하면 자신들의 삶 뿐만 아니라 자녀들의 삶 가운데에도

CHAPTER 4 기도하지 않는 원인과 결과들

들어본 적이 없는 축복들이 임할 것입니다. 신명기 7장 9절에서 선포된 하나님의 말씀을 기억하십시오.

> 그런즉 너는 알라 오직 네 하나님 여호와는 하나님이시요 신실하신 하나님이시라 그를 사랑하고 그 계명을 지키는 자에게는 천대까지 그 언약을 이행하시며 인애를 베푸시되

기도하지 않으면 고통을 보게 됩니다

계속해서 욥기서 21장 19절에서는 '하나님이 그 자손의 몸에 갚으시며 깨닫게 하실 것'이라고 기록합니다. 이 얼마나 커다란 아픔입니까! 기도하지 않는 사람들의 자손에게 임하는 이 얼마나 무서운 결과입니까! 아픔만 있을 뿐입니다. 근심과 걱정만 있습니다. 기도하지 않는 삶은 스스로를 파멸의 길로 이끌고 갑니다. 하나님을 무시하고 기도하지 않고 살아가는 삶은 스스로의 무덤을 파는 슬픔과 근심의 원인이 됩니다.

기도하지 않으면 진노를 경험합니다.

20절에 이어집니다. "자기의 멸망을 자기의 눈으로 보게 하시며 전능자의 진노를 마시게 하셔야 할 것이니라" 기도하지 않는 자는 하나님에 대한 마음의 문을 닫아 버립니다. 그리고 도움이 오는 하나님의 성산을 향해 눈을 들지 않습니다(시 121:1). 하나님 바라보는 것을 거절하기에 멸망을 볼 수밖에 없습니다.

기도하지 않으면 인생의 결과는 비참합니다

욥기 21장 21절에서 기도하지 않는 자의 비참한 결과를 보여 줍니다. "그의 달 수가 진하면 자기 집에 대하여 무슨 관계가 있겠느냐" 기도하지 않는 자에게는 장수의 삶도 피해갑니다. 시편 91편 16절의 "내가 장수함으로 저를 만족케 하며 나의 구원으로 보이리라 하시도다"라는 약속의 말씀이 이루어지지 않습니다. 오직 하나님을 찾는 자들만이 시편 91편 15절 말씀, "저가 내게 간구하리니 내가 응답하리라 저희 환난 때에 내가 저와 함께하여 저를 건지고 영화롭게 하리라"는 말씀이 이루어집니다. 오래 사는 장수의 삶도 기도하는 자의 몫입니다.

CHAPTER 4 기도하지 않는 원인과 결과들

기도하지 않으면 인생의 끝이 씁니다

욥기 21장 22절-25절은 "그러나 하나님은 높은 자들을 심판하시나니 누가 능히 하나님께 지식을 가르치겠느냐 어떤 사람은 죽도록 기운이 충실하여 평강하며 안일하고 그 그릇에는 젖이 가득하며 그 골수는 윤택하였고 어떤 사람은 죽도록 마음에 고통하고 복을 맛보지 못하였어도"라고 선포합니다. 기도하는 의로운 사람은 기력이 왕성한 가운데 평강 속에서 죽음을 맞이 하지만 기도하지 않는 사람은 기쁨이 없는 비참한 최후를 맞이 합니다. 기도하는 자는 죽을 때까지 하나님의 풍성함이 넘치며 죽은 후에도 축복의 삶을 살았다고 칭송을 받습니다. 기도하지 않는 것은 무서운 죄이며 고통의 원인이 됩니다. 그러나 기도는 하나님의 축복의 문을 여는 열쇠가 됩니다. 우리는 토레이(R. A. Torrey)가 외친 것에 귀를 기울여야 할 것입니다.

"기도는 무한한 하나님의 은혜의 문을 여는 열쇠이다. 기도하는 자는 하나님의 모든 것을 갖게 될 것이다."

C·H·A·P·T·E·R

5

기도 없는 삶으로부터의
OVERCOMING PRAYERLESSNESS
극복

어디로 가야 할지 모른다는 강력한 생각이 들 때는
언제나 나는 하나님 앞에 무릎을 꿇었다.
나의 지식, 내가 가진 모든 것들은
하루를 살기에도 너무나 부족했기 때문이다.

― 아브라함 링컨 대통령(President Abraham Lincoln) ―

CHAPTER 5   기도 없는 삶으로부터의 극복

앞장에서는 기도하지 않는 삶이 얼마나 무서운 결과를 가져오는가를 여러분과 같이 나눴습니다.

기도하지 않는 원인은 간단히 말해 이것입니다.

· 하나님 안에서 기쁨이 없기 때문입니다.
· 하나님을 아는 지식이 없기 때문입니다.
· 하나님에게서 멀어졌기 때문입니다.

이번 장에서는 기도 없는 삶을 극복하는 것에 대하여 나누고 기도하는 삶에 대한 하나님의 보상에 대하여 나누고자 합니다.

하나님 안에서 기쁨

하나님의 말씀은 이렇게 선포합니다. "또 여호와를 기뻐하라 저가 네 마음의 소원을 이루어 주시리로다"(시 37:4). 주 안에서 기뻐하는 것은 우리가 날마다 해야 할 선택입니다. 이것은 주님과 함께 보내는 시간이 늘어 날수록 우리가 누리는 기쁨도 증가한다는 의미입니다.

> 너희가 내 안에 거하고 내 말이 너희 안에 거하면 무엇이든지 원하는 대로 구하라 그리하면 이루리라(요 15:7)

수년 전에 어떤 소년이 위대한 화가의 옆 집에 살았습니다. 날마다 이 소년은 늙은 화가의 집에 놀러가서 냄새 나는 유성 페인트를 가지고 화가 할아버지가 캔버스 위에 그림 그리는 것을 몇 시간씩 지켜보며 즐거워 했습니다.

세월이 지나 화가 할아버지가 돌아 가셨을 때에 소년은 매우 슬펐습니다. 소년은 할아버지를 생각하며 할머니 혼자 계시는 옆집의 문을 두드렸습니다.

"할아버지가 너무 보고 싶어요. 저는 할아버지께서 그림 그리시는 모습을 보기 위해 여기 오는 것이 너무 좋았어요. 저는 커서 할아버지처럼 훌륭한 화가가 되고 싶어요. 어떻게 하면 되죠?"라고 소년은 진지하게 남편을 잃은 할머니에게 말했습니다.

화가로서의 길은 쉽지 않은 길이며 한평생을 바쳐야 하는 험난

CHAPTER 5 기도 없는 삶으로부터의 극복

한 길임을 할머니는 알고 있었으나 너무나도 진지하게 물어오는 소년의 마음에 상처를 주고 싶지 않은 그녀는 어떻게 대답해야 될지 난감했습니다. 미처 할머니가 대답을 준비하기도 전에 소년은 말했습니다.

"할아버지께서 그렸던 그림 중의 하나를 집으로 가지고 가서 그것을 따라서 연습해도 될까요?" 할머니는 그림뿐만 아니라 남편의 캔버스, 유성 페인트, 붓, 그림 그릴 수 있는 모든 재료들을 소년에게 선사했습니다. 소년은 마치 당장에 화가가 된 것처럼 너무 기뻐서 자기 집으로 돌아 갔습니다.

며칠이 지난 후에 소년은 할머니가 주셨던 모든 도구들을 가지고 마당을 가로질러 힘없이 터벅터벅 걸어오는 모습이 할머니의 눈에 들어 왔습니다.

"저도 할아버지처럼 잘 그려 보려고 노력했는데… 너무 어려워요. 이제 포기해야 될 것 같아요."

할머니는 어린 소년을 꼭 안아 주며 말했습니다. "애야, 네가 할 일은 안 되더라도 계속해서 노력하는 거란다. 너도 알잖니. 그림을 잘 그리고 못 그리고는 붓이나 캔버스 때문에 달라지는 것이 아니야. 그것은 오직 끊임없이 노력할 때에 이루어지는 거란다. 그리고 하나님께서 다른 사람들보다 어떤 사람에게 더 많은 재능을 주셨다고 해서 저절로 잘 되는 것도 아니란다. 실패와 좌절을 경험하더라도 계속 가다 보면 결국에는 우리 남편처럼 훌륭한 화가로 성공하게 될 거야. 다른 사람들이 실패에 울고 좌절할 때 중단 없이 전진하는 자만이 성공의 길로 들어설 수 있단다."

이야기 속의 소년처럼 우리 주변에는 쉽게 포기하는 사람들이 의외로 많습니다. 처음에는 너무나 놀라운 열정과 비전을 가지고 엘리야처럼, 베드로처럼, 바울처럼, 찰스 피니, 디 엘 무디, 케더린 쿨만 여사처럼 되고자 도전을 합니다. 대학에서 강의를 하다 보면 나는 많은 젊은이들이 "저도 빌리 그래함처럼 설교를 잘 하고 싶어요."라고 말하는 것을 종종 듣습니다.

믿음의 용사들이라고 불리우는 훌륭한 믿음의 조상들도 모두 이런 열정을 가지고 시작했습니다. 그들은 나름대로의 어려움과 실패와 좌절이 있었지만 끝까지 포기하지 않고 주를 의지하며 기도로 승리를 일궈낸 사람들입니다. 실수도 있었고 두려움과 불투명한 미래도 그들 앞에 있었습니다. 때론 실패도 있었고 개인적인 비극도 있었습니다. 그러나 그들은 하나님께서 그들을 지도자로서 인정 하실 때까지 많은 어려움들을 참고 능력으로 쓰임 받기 위하여 이겨낸 것입니다.

종종 사람들에게 묻습니다.

"당신의 가슴 속에 있는 가장 큰 소망은 무엇입니까?"

CHAPTER 5 기도 없는 삶으로부터의 극복

많은 사람들은 이렇게 대답합니다. "내 삶 속에 하나님의 임재하심이 나타났으면 좋겠어요. 진심으로 주님을 알기 원해요."

주님을 친밀하게 사귈 수 있는 유일한 길이 있습니다. 그것은 그분과 더 많은 시간을 보내는 것입니다. 다른 대안은 없습니다. 기도 외에 결과를 가져오는 그 어떤 방법도 없다는 것을 명심해야 합니다.

하나님과 더 가까워지고 싶으십니까? 그렇다면 좋은 소식이 있습니다. 바로 주님께서도 여러분이 원하는 것 이상으로 여러분과 가까워지기를 원하신다는 것입니다. 하나님께서 아담을 창조하신 목적은 아담과 친해지기 위해서였습니다. 죄가 하나님과 인간 사이를 갈라 놓은 후에도 하나님은 사랑의 관계를 회복하시기 위해서 여러 방법을 제시해 오셨습니다. 성경에서는 에녹은 그의 사는 날 동안 하나님과 동행했다고 기록하고 있습니다. 아브라함, 이삭, 야곱 그들은 하나님과 친밀한 교제를 나누던 사람들입니다. 하나님께서는 그분을 열망하는 자들을 지금도 인내를 가지고 기다리고 계십니다.

시간을 뒤로 돌려서 모세가 하나님의 법궤를 만들도록 지시받던 때로 거슬러 가 봅시다.

속죄소를 궤 위에 얹고 내가 네게 줄 증거판을 궤 속에 넣으라 거기서 내가 너와 만나고 속죄소 위 곧 증거궤 위에 있는 두 그룹 사이에서 내가 이스라엘 자손을 위하여 네게 명할 모든 일을 네

게 이르리라 (출 25:21-22)

하나님의 큰 소망은 종 모세와 교제하시는 것이었다는 것을 발견하게 됩니다. 마찬가지로 하나님은 교제할 수 있는 사람을 찾고 계십니다. 성막 안에는 휘장이 있어서 성소와 지성소로 나누고 있습니다. 그러나 지성소로 가는 길은 언제나 열려 있다는 것을 잊지 마십시오. 오늘날 여러분이 해야 할 일은 그분께로 나아가는 것입니다. 그분께 나아갈 때 마음으로 예배하며 입술로 찬양하며 나아가십시오. 모든 정성을 다해 그분을 찾으십시오. 그리하면 그분을 만날 수 있다고 약속해 주셨습니다. 당신은 주님께 나가야 합니다.

> 너희가 전심으로 나를 찾고 찾으면 나를 만나리라 나 여호와가 말하노라 내가 너희에게 만나지겠고 너희를 포로된 중에서 다시 돌아오게 하되 내가 쫓아 보내었던 열방과 모든 곳에서 모아 사로잡혀 떠나게 하던 본 곳으로 돌아오게 하리라 여호와의 말이니라 하셨느니라 (렘 29:13-14)

위대한 기도의 사람이었던 앤드류 머레이는 기도하기 전에 "주님, 저의 차가운 마음을 녹여 주소서. 나의 강퍅한 심령을 부수어 주시고 만져 주시어 준비시켜 주소서!"라고 기도하곤 했다고 합니다.

CHAPTER 5 기도 없는 삶으로부터의 극복

이 얼마나 아름다운 기도입니까! 우리도 아버지께 이렇게 나아갑시다. 우리가 이런 심령으로 나아갈 때 우리 기도의 동역자 되시고 기도를 도우시는 성령님께서 우리가 은혜의 보좌에 나아가며 하나님의 만지심을 입을 수 있도록 도와 주실 것입니다. 하나님을 가까이 하면 할수록 하나님이 우리를 가까이 해 주실 것입니다. 야고보서 4장 8절에서는 "하나님을 가까이하라 그리하면 너희를 가까이 하시리라"고 말씀하셨습니다. 하나님의 임재하심이 함께 하시면 여러분의 무딘 가슴은 부스러지며 차가운 마음은 녹아지기 시작할 것입니다.

하나님은 우리와 교제하는 것을 진심으로 원하십니다. 말로만 원하시는 것이 아닙니다. 여러분의 가슴에서 나오는 기도를 듣기 원하십니다. 기도는 우리의 심령을 드리는 것입니다. 주님의 음성에 귀 기울이는 것이 능력 있는 기도의 핵심입니다.

> 너는 하나님의 전에 들어갈 때에 네 발을 삼갈찌어다 가까이 하여 말씀을 듣는 것이 우매자의 제사 드리는 것보다 나으니 저희는 악을 행하면서도 깨닫지 못함이니라 너는 하나님 앞에서 함부로 입을 열지 말며 급한 마음으로 말을 내지 말라 하나님은 하늘에 계시고 너는 땅에 있음이니라 그런즉 마땅히 말을 적게 할 것이라 (전 5:1-2)

하나님의 임재하심 속으로 들어갈 때에 성령님의 음성에 귀 기울이십시오. 진정한 기도는 의미 없는 말을 계속하는 것이 아니라 심령 속에서 흘러 나오는 부르짖음이어야 합니다. 심령 속에서 흘러 나오는 간구는 하나님을 움직이며 그분의 임재하심이 넘치게 될 것입니다. 예수님께서도 마태복음 6장 7절에서 "또 기도할 때에 이방인과 같이 중언부언하지 말라 저희는 말을 많이 하여야 들으실 줄 생각하느니라"라고 말씀하셨으며 사도 바울도 "이러므로 너희 죄를 서로 고하며 병 낫기를 위하여 서로 기도하라 의인의 간구는 역사하는 힘이 많으니라"(약 5:16)라고 기록했습니다.

하나님의 말씀에서 배우십시오

하나님의 사람들로서 우리는 "주께 합당히 행하여 범사에 기쁘시게 하고 모든 선한 일에 열매를 맺게 하시며 하나님을 아는 것에 자라가라"(골 1:10)고 명령을 받았습니다.

우리는 하나님을 아는 지식, 그분의 인격, 그분의 마음으로 충만하게 채워져야 합니다. 하나님을 아는 지식이 우리 안에 거하게 되면 우리의 기도의 삶 속에 하나님의 영광이 나타나게 될 것입니다.

CHAPTER 5 기도 없는 삶으로부터의 극복

기도는 숨쉬는 것처럼 쉽습니다. 그냥 살아가는 것처럼 기도하면 되는 것입니다. 하나님을 알아 가십시오. 그분을 알아 갈수록 기도는 쉬워집니다. 그분의 말씀이 우리 속에 들어와야 합니다. 우리 안에 들어온 말씀은 운동력이 있어서 권능으로 나타나게 될 것입니다. 하나님의 보좌 앞으로 나아 갈수록 우리의 믿음과 확신은 충만해 질 것입니다.

> 그를 향하여 우리의 가진바 담대한 것이 이것이니 그의 뜻대로 무엇을 구하면 들으심이라 우리가 무엇이든지 구하는 바를 들으시는 줄을 안즉 우리가 그에게 구한 그것을 얻은 줄을 또한 아느니라 (요일 5:14-15)

하나님을 신뢰하게 되면 그분이 주시는 기도의 응답도 확신할 수 있게 됩니다. 하나님을 신뢰하게 되면 '아버지, 말씀에 이르시기를…' 라고 하면서 그분에게 나아가게 됩니다. 하나님을 신뢰하는 순간, 성령님께서는 우리의 마음 속에 불을 지르게 될 것이고 하나님의 말씀들을 더욱 생각나게 해 주실 것입니다. 이런 이유 때문에 우리는 골로새서 1장 9절에서처럼 "너희로 하여금 모든 신령한 지혜와 총명에 하나님의 뜻을 아는 것으로 채우게 하시고"(골 1:9)라는 명령을 받았습니다.

하나님을 아는 지식으로 채워지지 않는 한 기도한다는 것은 불가능합니다. 말씀을 알아가는 길만이 기도의 게으름을 예방할 수 있습니다. 지금 이 시간 여러분 안에 하나님의 말씀이 풍성히 거하시기를 위하여 기도 드립니다.

> 그리스도의 말씀이 너희 속에 풍성히 거하여 모든 지혜로 피차 가르치며 권면하고… (골 3:16)

C·H·A·P·T·E·R 6

기도의 능력
THE POWER OF PRAYER

하나님께서 우리를 얼마나 사랑하시는지
우리와 얼마나 대화를 나누기 원하시는지를
만약 우리가 알게 된다면
우리 자신에 대한 불가능한 기준을 세우지도 않을 것이며
하나님으로부터 좋은 것을 받기 위해
기도하다가 포기하지도 않을 것이다.
결국 우리에게 좋은 것을 주기 원하시는 것이
하나님의 간절한 소원이다.
자기 아들을 아끼지 아니하시고 우리 모든 사람을 위하여
내어주신 이가 어찌 그 아들과 함께 모든 것을
우리에게 은사로 주지 아니하시겠느뇨 (롬 8:32)

― 잔 귀용 여사(Madame Jeanne Guyon) ―

CHAPTER 6   기도의 능력

여러분은 이 땅에서의 움직임이 하늘 나라에서의 움직임을 지배한다는 것을 알고 계십니까?

이 땅에서 드리는 자녀의 기도가 하늘 나라에서의 의사 결정에 영향을 준다는 것을 알고 계십니까? 주님께서 이렇게 선포하십니다.

> 진실로 너희에게 이르노니 무엇이든지 너희가 땅에서 매면 하늘에서도 매일 것이요 무엇이든지 땅에서 풀면 하늘에서도 풀리리라 (마 18:18)

우리가 기도하면 천사를 보내사 이 땅에서 마귀를 묶고 적들의 목적을 무산시키는, 이 얼마나 놀라운 하나님의 권능인지요!

THE POWER OF PRAYER

기도는 초자연적인 보호 장소입니다

욥은 하나님의 자녀들에게 알려진 비밀스러운 장소가 있다고 말합니다. 하나님의 자녀들이 그곳으로 들어가게 되면, 하나님께 절실하게 간구하는 모든 자들을 위하여 하나님의 권능이 작동한다고 했습니다.

> 그 길은 솔개도 알지 못하고 매의 눈도 보지 못하며 위엄스러운 짐승도 밟지 못하였고 사나운 사자도 그리로 지나가지 못하였느니라 (욥 28:7-8)

어떤 적도 알 수 없는 비밀스러운 장소가 있습니다. 이 비밀스럽고 영광스러운 장소는 그 어떤 마귀의 세력도 찾을 수 없습니다. 어떤 살인 독수리도 볼 수 없는 하나님 안에 숨겨진 장소입니다.

마귀도, 귀신의 세력도, 사자들도, 그 어떠한 적이라도 볼 수 없고 찾을 수 없는 곳, 그 장소는 기도하는 장소입니다.

시편 기자의 고백처럼 기도 드리는 그 장소가 바로 주님의 요새요, 우리의 피난처입니다. 하나님의 큰 날개로 우리를 감싸주시는

CHAPTER 6   기도의 능력

곳, 그 어떤 마귀의 영향력이 미치는 못하는 곳, 이 비밀스러운 장소는 바로 기도하는 곳입니다.

기도는 건지는 곳입니다

욥기 28장 9절에서 "하나님은 바위에 손을 대시고 산을 뿌리까지 무너뜨리시는 분"이라고 선포합니다. 우리가 기도할 때 앞길을 막는 장애물들이 사라지며 하나님께서 만들어 주시는 피할 곳이 생기게 되고 우리에게 보내시는 권능의 역사를 보게 될 것입니다.

> 돌 가운데로 도랑을 파서 각종 보물을 눈으로 발견하고
> (욥 28:10)

우리가 하나님을 찾으면 그분께서는 시냇물을 막아 우리에게 넘치지 못하게 보호하시며 그의 사랑과 뜻, 숨겨진 비밀을 우리에게 드러내시며 우리를 빛 가운데로 인도하십니다.

시냇물을 막아 스미지 않게 하고 감취었던 것을 밝은 데로 내느
니라 (욥 28:11)

기도하는 장소는 보호와 건짐과 계시의 장소입니다.

지존자의 은밀한 곳에 거하는 자는 전능하신 자의 그늘 아래 거
하리로다 내가 여호와를 가리켜 말하기를 저는 나의 피난처요 나
의 요새요 나의 의뢰하는 하나님이라 하리니 이는 저가 너를 새
사냥군의 올무에서와 극한 염병에서 건지실 것임이로다 저가 너
를 그 깃으로 덮으시리니 네가 그 날개 아래 피하리로다 그의 진
실함은 방패와 손 방패가 되나니 너는 밤에 놀램과 낮에 흐르는
살과 흑암 중에 행하는 염병과 백주에 황폐케 하는 파멸을 두려
워 아니하리로다 천인이 네 곁에서, 만인이 네 우편에서 엎드러
지나 이 재앙이 네게 가까이 못하리로다 (시 91:1-7)

하나님께서는 예레미야 선지자를 보내사 "너는 내게 부르짖으라
내가 네게 응답하겠고 네가 알지 못하는 크고 비밀한 일을 네게 보이
리라" (렘 33:3)고 말씀하시며 우리를 오라고 초청하십니다.

비참한 전쟁 가운데서 아브라함 링컨 대통령이 고백했던 말이
기억납니다.

CHAPTER 6 기도의 능력

"기도 중에 내 자신이 너무나 초라한 큰 죄인이라는 것을 깨닫고 갈 곳을 잃었습니다. 내 지식, 내게 있는 모든 것들이 너무나 부족해 보였습니다."

위험과 시험의 날들이 우리를 기다리고 있지만 잠언 27장 12절에서는 "슬기로운 자는 재앙을 보면 숨어 피하여도 어리석은 자들은 나아가다가 해를 받느니라"고 말씀하셨습니다. 이 말씀을 순종하는 자에게는 늘 승리만 있을 것입니다. 우리는 반드시 승리합니다. 기도하는 자는 절대로 망하지 않습니다.

아담은 하나님의 낯을 피하여 숨었지만 우리는 하나님 속으로 들어가 숨어야 합니다. 주 안에 거하면 미래에 일어날 위험을 경고해 주십니다. 우리가 그 위험들을 미리 알도록 도와 주실 것이며 주님 안에 숨겨 주실 것입니다. 지혜로운 자만이 기도하는 법을 압니다. 어리석은 자는 하나님을 무시하고 처벌을 받게 됩니다.

내게도 잊지 못할 일이 있었습니다. 나는 아프리카에 있는 정치적으로 불안정한 어느 나라로부터 초대를 받은 적이 있었습니다. 그 초청을 수락하려고 생각하고 있었으나 심각한 압박감이 밀려오고, 마음 속에서는 무언가 잘못된 것이 있다는 생각이 들었습니다. 내게 평강이 없었으므로 주님께 맡기고 기도하기 시작했습니다. 주님은 오럴 로버츠 목사님을 통하여 내가 그 나라에 지금 간다면 내 때가 이르기 전에 죽게 될 것이라고 말씀하셨습니다. 기도했을 때 하나님의 인도하심을 받아 내 생명은 건짐을 받았고 하나님의 뜻은 이루어졌습니다.

> 환난 날에 나를 부르라 내가 너를 건지리니 네가 나를 영화롭게 하리로다 (시 50:15)

기도하면 모든 두려움이 물러갑니다

다윗 왕은 이렇게 고백한 바가 있습니다.

> 여호와여 나의 대적이 어찌 그리 많은지요 일어나 나를 치는 자가 많소이다 많은 사람이 있어 나를 가리켜 말하기를 저는 하나님께 도움을 얻지 못한다 하나이다(셀라) 여호와여 주는 나의 방패시요 나의 영광이시요 나의 머리를 드시는 자니이다 내가 나의 목소리로 여호와께 부르짖으니 그 성산에서 응답하시는도다(셀라) (시 3:1-4)

CHAPTER 6 기도의 능력

다윗의 적들은 수없이 증가했습니다. 많은 염려가 믿음의 사람 다윗 주변을 둘렀습니다. 사람들은 하나님을 경외하는 다윗의 믿음을 판단하고 정죄했습니다. 다윗은 울부짖습니다.

"나의 도움이 어디서 올꼬"

그러나 다윗은 건짐을 받는 비밀스러운 장소를 알고 있었습니다. 그는 하나님께 부르짖었고 어려움의 때에 도움을 받게 됩니다.

고통과 고민 가운데 하나님을 부를 때 하나님의 권능을 경험하게 될 것입니다. 그분은 우리의 방패이시며 우리 머리를 드시는 분이시기 때문입니다. 우리가 그분을 찾을 때 하나님은 우리의 평강이 되시므로 그분의 품 안에서 달콤한 잠을 자게 됩니다. 이 얼마나 놀라운 기도의 능력입니까! 주의 이름을 부르는 모든 자에게 평강이 넘칩니다!

기도는 심판으로부터 해방시키는 초자연적 보호입니다

지금 영적으로 억압되어 있습니까?

여러분의 영혼을 둘러싸고 있는 악한 세력들로 인해 지쳐있습니까?

지금 당장 주님을 부르십시오. 그분은 하늘에서 굽어 살피시며 우리의 외치는 소리를 들으시고 우리를 둘러싸고 있는 어두움의 사슬들을 기꺼이 제거해 주시길 원하십니다. 하나님께서는 항상 준비되어 계시며 불가능이 없으신 능하신 분임을 여러분은 알게 될 것입니다. 그분은 "내가 너와 함께 하므로 너는 두려워 말지니라."고 말씀하십니다. 하나님께서 여러분을 폭풍에서 건져 주시고 따사로운 햇살이 비취는 역사를 베푸실 것입니다.

예레미야 선지자는 선포합니다.

"여호와여 내가 심히 깊은 구덩이에서 주의 이름을 불렀나이다. 주께서 이미 나의 음성을 들으셨사오니 이제 나의 탄식과 부르짖음에 주의 귀를 가리우지 마옵소서 내가 주께 아뢴 날에 주께서 내게 가까이 하여 가라사대 두려워 말라 하셨나이다"(애 3:55-57).

예레미야처럼 여러분은 기도하자마자 하나님의 음성을 듣게 될 것입니다.

코리 텐 붐은 "예수님보다 더 큰 문제는 없다."고 말했습니다. 주님은 여러분의 기도를 통하여 여러분을 문제의 웅덩이로부터 번쩍 들어 올려서 산꼭대기 위로 올라가게 하시는 역사를 베풀어 주실 것입니다.

CHAPTER 6 기도의 능력

기도는 하나님의 계획들도 변경할 수 있습니다

기도에 의해 변경된 하나님의 계획들이 기록에 많이 있습니다. 기도는 예언을 바꿀 수는 없지만 한 사람의 간절한 기도에 의하여 멸망시키기로 작정하셨던 하나님의 계획들은 변경되기도 했습니다.

아브라함과 아비멜렉

그 첫 번째 예는 창세기에 기록되어 있습니다.

아브라함이 거기서 남방으로 이사하여 가데스와 술 사이 그랄에 우거하며 그 아내 사라를 자기 누이라 하였으므로 그랄 왕 아비멜렉이 보내어 사라를 취하였더니 그 밤에 하나님이 아비멜렉에게 현몽하시고 그에게 이르시되 네가 취한 이 여인을 인하여 네가 죽으리니 그가 남의 아내임이니라 아비멜렉이 그 여인을 가까이 아니한고로 그가 대답하되 주여 주께서 의로운 백성도 멸하시나이까 그가 나더러 이는 내 누이라고 하지 아니하였나이까 그 여인도 그는 내 오라비라 하였사오니 나는 온전한 마음과 깨끗한 손으로 이렇게 하였나이다 하나님이 꿈에 또 그에게 이르시되 네가 온전한 마음으로 이렇게 한 줄을 나도 알았으므로 너를 막아 내게 범죄하지 않게 하였나니 여인에게 가까이 못하게 함이 이 까닭이니라 이제 그 사람의 아내를 돌려 보내라 그는 선지자라 그가 너를 위하여 기도하리니 네가 살려니와 네가 돌려 보내지 않으면 너와 네게 속한 자가 다 정녕 죽을줄 알찌니라 (창 20:1-7)

아비멜렉 왕이 사라를 그의 아내로 취하려고 궁으로 데려 왔습니다. 아비멜렉의 계획을 막으시기 위하여 하나님께서는 아비멜렉의 꿈에 나타나시어 말씀하시기를 사라를 아브라함에게 보내지 않으면 아비멜렉 왕이 죽게 될 것이라고 계시하셨습니다. 사라를 궁으로 데리고 간 결과로 하나님은 아비멜렉 왕의 아내들의 태를 닫으셨습니다.

그러나 아브라함이 가서 기도해 주었을 때 하나님은 아비멜렉 집안을 치료하시며 그의 아내들의 태를 여시어 아기를 가질 수 있게 하셨습니다. 하나님의 계획이 아브라함의 기도에 의하여 바뀌게 된 사례입니다.

아브라함이 하나님께 기도하매 하나님이 아비멜렉과 그 아내와

CHAPTER 6 기도의 능력

여종을 치료하사 생산케 하셨으니 여호와께서 이왕에 아브라함의 아내 사라의 연고로 아비멜렉의 집 모든 태를 닫히셨음이더라

(창 20:17-18)

모세와 이스라엘 백성

출애굽기에는 모세가 산 위에서 십계명을 받기 위해 40일 동안 금식기도하는 장면이 나옵니다. 하나님께서 이스라엘 민족을 구하시고 보호하시고 때를 따라 먹이시는 놀라운 일들을 하셨지만 모세가 이스라엘 진영을 떠나 금식기도하는 동안 그들은 하나님의 은혜를 등지고 송아지 우상을 만들어 그것을 경배했습니다.

여호와께서 모세에게 이르시되 너는 내려가라 네가 애굽 땅에서 인도하여 낸 네 백성이 부패하였도다 그들이 내가 그들에게 명한 길을 속히 떠나 자기를 위하여 송아지를 부어 만들고 그것을 숭배하며 그것에게 희생을 드리며 말하기를 이스라엘아 이는 너희를 애굽 땅에서 인도하여 낸 너희 신이라 하였도다 여호와께서 또 모세에게 이르시되 내가 이 백성을 보니 목이 곧은 백성이로다 그런즉 나대로 하게 하라 내가 그들에게 진노하여 그들을 진

113

멸하고 너로 큰 나라가 되게 하리라 (출 32:7-10)

하나님은 진노하셨고 그들을 다 멸하시기 원했습니다. 그러나 모세는 기도했습니다. 하나님께서 진노를 거두시고 자비를 베푸시도록 간청했습니다.

> 모세가 그 하나님 여호와께 구하여 가로되 여호와여 어찌하여 그 큰 권능과 강한 손으로 애굽 땅에서 인도하여 내신 주의 백성에게 진노하시나이까 어찌하여 애굽 사람으로 이르기를 여호와가 화를 내려 그 백성을 산에서 죽이고 지면에서 진멸하려고 인도하여 내었다 하게 하려하시나이까 주의 맹렬한 노를 그치시고 뜻을 돌이키사 주의 백성에게 이 화를 내리지 마옵소서 (출 32:11-12)

모세의 간절한 기도의 결과로 하나님께서는 이스라엘을 멸하시려는 계획을 접으시고 자비를 베푸시게 됩니다. "여호와께서 뜻을 돌이키사 말씀하신 화를 그 백성에게 내리지 아니하시니라"(출 32:14)함과 같이 하나님께서 뜻을 돌이키셨습니다. 모세의 기도가 불순종하는 이스라엘을 향한 하나님의 심판을 변경시킨 것입니다. 신명기 9장 19절-20절에서도 하나님께서 아론을 멸하시기 원하셨으나 모세는 자기 형제인 아론의 구원을 위해 간절히 기도했습니다.

CHAPTER 6 기도의 능력

여호와께서 심히 분노하사 너희를 멸하려 하셨으므로 내가 두려
워 하였었노라 그러나 여호와께서 그 때에도 내 말을 들으셨고
여호와께서 또 아론에게 진노하사 그를 멸하려 하셨으므로 내가
그 때에도 아론을 위하여 기도하고 (신 9:19~20)

유명한 성경 주석가인 매튜 헨리(Matthew Henry)의 말입니다:

"이것이 기도의 능력이다. 간절하게 중보기도하는 자에게 하나님은 일부러 져 주시길 원하신다. 죄인들을 용서하시는 하나님의 은혜, 중보기도자에 의하여 그분의 백성들에게 하나님은 언제든지 용서를 베푸시길 원하신다. 무고한 생명들이 죽어가는 것을 원치 않으시는 우리 하나님은 회개하는 죄인들을 용서하시고 그들의 목숨을 보전케 하시며 그들을 향한 심판을 거두시는 놀라우신 분이시다."

우리가 섬기는 하나님은 얼마나 놀라운 분이신지요!
그는 반드시 그의 하신 약속을 지키시며 자비와 은혜로 충만하신 좋으신 하나님이십니다.

THE POWER OF PRAYER

히스기야 왕

아하스 왕이 죽은 후, 그의 아들인 히스기야 왕이 예루살렘에서 왕위를 계승했습니다. 그는 왕 위에 오르자 우상을 제거하고 이스라엘 민족이 다시 하나님을 섬기도록 돌이키게 합니다. 또한 솔로몬의 아들 르호보암 통치하에 왕국이 두 개로 나눠진 이후 처음으로 히스기야 왕은 이스라엘 모든 족속들이 해마다 예루살렘에서 유월절을 지키고 성지순례를 하도록 독려했습니다. 이사야서에 의하면 영적인 사람 히스기야 말년에 자신이 병들어 죽게 되자 그가 하나님께 기도했을 때 하나님의 계획이 변경되었습니다.

그 즈음에 히스기야가 병들어 죽게 되니 아모스의 아들 선지자 이사야가 나아와 그에게 이르되 여호와께서 이같이 말씀하시기를 너는 네 집에 유언하라 네가 죽고 살지 못하리라 하셨나이다 히스기야가 얼굴을 벽으로 향하고 여호와께 기도하여 가로되 여호와여 구하오니 내가 주의 앞에서 진실과 전심으로 행하며 주의 목전에서 선하게 행한 것을 추억하옵소서 하고 심히 통곡하니 이에 여호와의 말씀이 이사야에게 임하니라 가라사대 너는 가서 히스기야에게 이르기를 네 조상 다윗의 하나님 여호와께서 이같이 말씀하시기를 내가 네 기도를 들었고 네 눈물을 보았노라 내가

네 수한에 십 오년을 더하고 (사 38:1-5)

히스기야 왕의 기도는 응답되었고 그 결과로 그의 생명은 연장되었습니다.

요나와 니느웨

다른 놀라운 기록이 요나서에 나타나 있습니다.

너는 일어나 저 큰 성읍 니느웨로 가서 그것을 쳐서 외치라 그 악독이 내 앞에 상달하였음이니라 하시니라 (욘 1:2)

하나님은 니느웨 성을 멸하시기로 계획을 세웠습니다.
이 이야기를 잘 기억하십시오. 하나님은 요나에게 명령을 내려서 니느웨에 가서 하나님의 심판이 그 성에 임할 것이라고 선포하는 일을 맡겼습니다. 그러나 요나는 하나님께 불순종하여 니느웨 반대 방향으로 도망을 가다가 폭풍우를 만나게 되고 바다에 던져져서 큰 물고기 뱃속으로 들어가게 됩니다. 그리고 요나는 물고기 뱃속에서 잘못을 깨닫고 회개하게 되고 삼일 후에 물고기에 의하여 니느웨까지 옮겨진 후 그들에게 메시지를 전하게 됩니다.

여호와의 말씀이 두번째 요나에게 임하니라 이르시되 일어나 저 큰 성읍 니느웨로 가서 내가 네게 명한 바를 그들에게 선포하라 하신지라 요나가 여호와의 말씀대로 일어나서 니느웨로 가니라 니느웨는 극히 큰 성읍이므로 삼일 길이라 요나가 그 성에 들어가며 곧 하룻길을 행하며 외쳐 가로되 사십일이 지나면 니느웨가 무너지리라 하였더니 니느웨 백성이 하나님을 믿고 금식을 선포하고 무론 대소하고 굵은 베를 입은지라 그 소문이 니느웨 왕에게 들리매 왕이 보좌에서 일어나 조복을 벗고 굵은 베를 입고 재에 앉으니라 왕이 그 대신으로 더불어 조서를 내려 니느웨에 선포하여 가로되 사람이나 짐승이나 소떼나 양떼나 아무 것도 입에 대지 말찌니 곧 먹지도 말 것이요 물도 마시지 말 것이며 사람이든지 짐승이든지 다 굵은 베를 입을 것이요 힘써 여호와께 부르짖을 것이며 각기 악한 길과 손으로 행한 강포에서 떠날 것이라 하나님이 혹시 뜻을 돌이키시고 그 진노를 그치사 우리로 멸망치 않게 하시리라 그렇지 않을 줄을 누가 알겠느냐 한지라 하나님이 그들의 행한 것 곧 그 악한 길에서 돌이켜 떠난 것을 감찰하시고 뜻을 돌이키사 그들에게 내리리라 말씀하신 재앙을 내리지 아니 하시니라 (욘 3:1-10)

CHAPTER 6 기도의 능력

하나님의 계획은 니느웨를 멸하시는 것이었으나 니느웨 왕과 백성들이 요나의 심판의 외침을 듣고 백성들과 함께 금식을 선포하며 하나님의 자비와 용서를 구할 때에 그들의 기도에 의해서 하나님의 계획이 변경되고 구원이 임하게 된 것입니다.

토레이(R. A. Torrey)는 "기도는 세계를 움직이시는 하나님의 손을 움직인다."라고 말했으며 리처드 트렌취(Richard Trench)는 "전능하신 하나님을 움직이는 것은 우리의 기도밖에 없다."라고 했습니다.

진정으로 하나님을 의지하며 전심으로 하나님을 찾는 사람들이 있다면 하나님은 그들을 위하여 자비와 은혜를 베푸십니다. 하나님께서 에스겔서 22장 30절을 통하여 "이 땅을 위하여 성을 쌓으며 성 무너진 데를 막아 서서 나로 멸하지 못하게 할 사람을 내가 그 가운데서 찾다가 얻지 못한고로"라고 선지자에게 말씀하셨습니다. 하나님께서는 중보기도하는 사람을 발견할 수 없었으므로 "내가 내 분으로 그 위에 쏟으며 내 진노의 불로 멸하여 그 행위대로 그 머리에 보응하였느니라 나 주 여호와의 말이니라(겔 22:31)"고 기록하고 있습니다.

멸하는 것은 하나님의 뜻이 아닙니다. "여기에 앞으로 나와서 내가 하려는 일에 대하여 말하려는 사람 없느냐?"라고 묻는 일을 하나님께서는 중단하지 않으실 것입니다.

하나님은 지금도 모세와 같이 하나님 앞에 나와 백성들의 죄를 대신하여 회개하고 중보기도하는 사람들을 찾고 계십니다. 이것을 시편 기자는 "그러므로 여호와께서 저희를 멸하리라 하셨으나 그 택하신 모세가 그 결렬된 중에서 그 앞에 서서 그 노를 돌이켜 멸하시지 않게 하였도다"(시 106:23)라고 기록하고 있습니다.

기도는 하나님을 강요하여 굴복시키는 것이 아닙니다. 우리는 하나님을 억지로 무슨 일을 하시게 하거나 그분에게 강요할 수 없습니다. 모세는 기도했고 하나님은 그분의 자비를 보이신 것입니다.

기도는 하나님과 동역 관계 속에서 이루어집니다. 잔 귀용 여사는 비록 옥에 갇혀 있었지만 하나님께 기도로 헌신된 놀라운 기도의 용사였습니다. 그녀는 이렇게 말합니다. "자, 와서 하나님께 우리의 마음을 드리고 기도하는 법을 배웁시다. 기도하는 사람은 기도의 열정이 있어야 합니다. 성령님은 아주 평범한 사람도 위대한 기도의 용사로 바꾸실 수 있습니다."

하나님은 응답하시기로 약속하셨습니다

다음 7장에서 기도하기에 합당한 장소, 자세, 조건에 대하여 논

CHAPTER 6 기도의 능력

하기 전에 시편에 기록된 기도에 대한 하나님의 약속들을 먼저 살펴보기 원합니다. 이 기록들은 여러분의 믿음을 고무시킬 것이며 우리를 사랑하시는 주님이 우리 기도를 듣고 응답하신다는 사실을 더욱 확신시켜 줄 것입니다.

> 내가 찬송 받으실 여호와께 아뢰리니 내 원수들에게서 구원을 얻으리로다 (시 18:3)

> 환난 날에 나를 부르라 내가 너를 건지리니 네가 나를 영화롭게 하리로다 (시 50:15)

> 나는 하나님께 부르짖으리니 여호와께서 나를 구원하시리로다 (시 55:16)

> 주는 선하사 사유하기를 즐기시며 주께 부르짖는 자에게 인자함이 후하심이니이다 (시 86:5)

> 나의 환난 날에 내가 주께 부르짖으리니 주께서 내게 응답하시리이다 (시 86:7)

저가 내게 간구하리니 내가 응답하리라 저희 환난 때에 내가 저와 함께하여 저를 건지고 영화롭게 하리라 (시 91:15)

그 제사장 중에는 모세와 아론이요 그 이름을 부르는 자 중에는 사무엘이라 저희가 여호와께 간구하매 응답하셨도다 (시 99:6)

여호와께서는 자기에게 간구하는 모든 자 곧 진실하게 간구하는 모든 자에게 가까이 하시는도다 (시 145:18)

C·H·A·P·T·E·R 7

기도 응답의 적시 적소에 있으라

RIGHT LOCATION, RIGHT POSITION, RIGHT CONDITION

기도로 길이 포장될 때
능력은 따라올 것이다.
그 길은 나와 당신에게 열려 있다.
그러기 위해서는 끊임없는 기도로
그 길을 포장하며 가야 한다.

― 해롤드 옥켄가(Harold J. Ockenga) ―

CHAPTER 7 기도응답의 적시 적소에 있으라

캐나다, 온타리오주, 캠벨빌 가까이 가면 토론토에서 남서쪽으로 30mile(약50km) 떨어진 곳에 '베섹(Bezek)'이라고 하는 기도원이 있습니다. 아름다운 자연 경관을 가진 베섹 기도원에서는 하나님의 많은 일들이 이루어지고 있습니다. 베섹 기도원은 버니 워렌(Bernie Warren) 목사님에 의하여 설립되었습니다. 그는 캐나다 연합교회 소속으로 성령 세례를 받은 후 베섹 기도원에서 하나님의 일을 해오고 있었습니다. 이스라엘 민족이 중요한 전쟁을 앞에 두고 사기를 충천하기 위해 모인 장소 이름인 "베섹"을 기도원 이름으로 정한 것입니다(삼상 11장).

1973년 성령님과의 첫 대면 이후 나는 매주 금요일마다 그곳에서 개최되는 금요 은사집회를 참석하곤 했습니다. 베섹 기도원에는 항상 사모하는 성도들로 넘쳐났고 나를 진심으로 환영해 주었습니다. 하나님께서 복음을 전하도록 부르신 것을 알고 있었지만 내가 아직 준비되어 있지 않았고 일하기에는 합당치 않은 것처럼 생각하던 때였습니다. 처음으로 강대상에 섰을 때 나는 사도 바울이 말한 것처럼 "내가 복음을 전할지라도 자랑할 것이 없음은 내가 부득불 할 일임이라 만일 복음을 전하지 아니하면 내게 화가 있을 것임이로라" (고전 9:16)는 말씀을 공감했습니다.

어느 날 일찍 도착하여 기도원의 정원을 거닐면서 하나님과 대화하기 시작했습니다. 근처에 있는 작은 산으로 올라가 찬송가를 손에 들고 바위 위에 앉았습니다. 그리고 나를 기다리고 계시는 주님의 이름을 부르며 경배와 찬양을 드리기 시작했습니다.

그 시간에 나는 하나님과 조용하게 둘이서 교제를 나누는 것이 얼마나 중요한 것인가를 깨달았습니다. 혼자서 조용하게 하나님과 대화를 시작하며 경배했을 때 하나님의 놀라운 임재하심을 특별한 방법으로 체험하게 된 것입니다. 제 7장에서 이것들에 대하여 다루고자 합니다.

하나님이 원하시는 장소, 시간, 조건을 이해하지 못하면 효과적인 기도를 드리기가 어렵게 됩니다.

CHAPTER 7   기도응답의 적시 적소에 있으라

올바른 장소

기도 드리기 위해서는 거기에 맞는 장소에 가야 합니다. 출애굽기 33:7-11절에 보면 모세는 이를 잘 이해하고 있었던 것 같습니다.

> 모세가 항상 장막을 취하여 진 밖에 쳐서 진과 멀리 떠나게 하고 회막이라 이름하니 여호와를 앙모하는 자는 다 진 바깥 회막으로 나아가며 모세가 회막으로 나아갈 때에는 백성이 다 일어나 자기 장막문에 서서 모세가 회막에 들어가기까지 바라보며 모세가 회막에 들어갈 때에 구름 기둥이 내려 회막 문에 서며 여호와께서 모세와 말씀하시니 모든 백성이 회막문에 구름 기둥이 섰음을 보고 다 일어나 각기 장막문에 서서 경배하며 사람이 그 친구와 이야기함 같이 여호와께서는 모세와 대면하여 말씀하시며 모세는 진으로 돌아오나 그 수종자 눈의 아들 청년 여호수아는 회막을 떠나지 아니하니라 (출 33:7-11)

모세는 어디에서 하나님을 만나야할지를 잘 알고 있었습니다. 마태복음 6장 6절에서는 "골방에 들어가라"고 말씀하고 있습니다.

RIGHT LOCATION, RIGHT POSITION, RIGHT CONDITION

'골방'이라는 장소는 특정한 장소를 이야기하는 것이 아니라, 하나님과 내가 조용하게 하나될 수 있는 장소를 의미하는 것입니다. 세상 것에 의하여 방해 받지 않는 곳, 하나님과 은밀히 교제하는데 방해되지 않는 그곳이 바로 하나님이 원하시는 장소입니다.

이런 이유 때문에 모세는 이스라엘 백성으로부터 멀리 떨어진 회막으로 나아가 기도를 드렸던 것입니다(출 33:8~9). 우리 예수님께서도 군중을 벗어나 조용한 곳으로 가서 기도하신 이유가 여기 있습니다.

> 무리를 보내신 후에 기도하러 따로 산에 올라가시다 저물매 거기 혼자 계시더니 (마 14:23)

베드로, 야고보, 요한은 예수님이 가장 필요로 하는 제자들이었지만 기도하실 때는 그들을 멀리 두고 하나님 아버지와 시간을 보내셨습니다.

> 이에 예수께서 제자들과 함께 겟세마네라 하는 곳에 이르러 제자들에게 이르시되 내가 저기 가서 기도할 동안에 너희는 여기 앉아 있으라 하시고 (마 26:36)

CHAPTER 7 기도응답의 적시 적소에 있으라

주님께서는 "너는 기도할 때에 네 골방에 들어가 문을 닫고 은밀한 중에 계신 네 아버지께 기도하라 은밀한 중에 보시는 네 아버지께서 갚으시리라"(마 6:6)고 우리에게 말씀하셨습니다.

주님은 사람들과 함께 하시는 것을 좋아 하셨습니다. 주님은 공공 장소에서, 산에서, 호숫가에서 주님을 필요로 하는 사람들에게 많은 시간을 내셨습니다. 그렇지만 기도하실 때는 하나님 아버지와 단둘이 되시어 영광스러운 친밀함을 쌓으셨습니다. 엘리야 역시 호렙산에서 하나님을 만날 때 이것을 또한 이해했다는 것을 열왕기상 19장을 통하여 알 수 있습니다.

우리도 마찬가지입니다. 그분과 단둘이 나누는 교제가 없다면 하나님과의 친밀한 사귐은 거의 불가능합니다. 주님과 대화할 수 있는 장소는 쉴 수 있는 조용한 장소면 됩니다. 응답 받는 기도를 드리기 위해서는 올바른 장소가 필요합니다.

올바른 자세

올바른 자세란 서거나 앉거나 무릎을 꿇거나 하는 포지션을 말하는 것이 아닙니다. 나는 이것보다 훨씬 중요한 무언가를 이야기하고 있습니다. 모세는 하나님과 교제하기 위하여 홀로 회막에 들어가서 언약궤가 있고 수은제와 피가 있는 지성소에 나아가 기도를 드렸습니다.

피 흘림이 없이는 효과적인 기도를 드리는 것은 불가능합니다. 그러므로 우리는 십자가에서 흘리신 주님의 보혈을 의지해야 합니다.

> 모세가 회막에 들어가서 여호와께 말씀하려 할 때에 증거궤 위 속죄소 위의 두 그룹 사이에서 자기에게 말씀하시는 목소리를 들었으니 여호와께서 그에게 말씀하심이었더라 (민수기 7:89)

> 그는 또 수송아지의 피를 취하여 손가락으로 속죄소 동편에 뿌리고 또 손가락으로 그 피를 속죄소 앞에 일곱번 뿌릴 것이며 또 백성을 위한 속죄제 염소를 잡아 그 피를 가지고 장 안에 들어가서 그 수송아지 피로 행함 같이 그 피로 행하여 속죄소 위와 속죄소 앞에 뿌릴찌니 (레 16:14-15)

주님의 보혈 아래로 들어가야 합니다. 예수님의 십자가의 공로를 의지하는 것이 절대로 필요합니다.

CHAPTER 7 기도응답의 적시 적소에 있으라

그러므로 형제들아 우리가 예수의 피를 힘입어 성소에 들어갈 담
력을 얻었노니 그 길은 우리를 위하여 휘장 가운데로 열어 놓으
신 새롭고 산 길이요 휘장은 곧 저의 육체니라 또 하나님의 집 다
스리는 큰 제사장이 계시매 우리가 마음에 뿌림을 받아 양심의
악을 깨닫고 몸을 맑은 물로 씻었으니 참 마음과 온전한 믿음으
로 하나님께 나아가자 (히 10:19-22)

효과적인 기도를 드리기 위해서는 올바른 장소뿐만 아니라 올바른 자세도 중요합니다.

올바른 조건

올바른 조건이란 전능하신 하나님에 의하여 만져지는 우리 심령의 상태를 말합니다. 주님께서 우리 심령을 뜨겁게 해 주셔야 효과적인 기도를 드릴 수가 있습니다.

그 왕은 그 본족에게서 날 것이요 그 통치자는 그들 중에서 나올
것이며 내가 그를 가까이 오게 하므로 그가 내게 접근하리라 그

RIGHT LOCATION, RIGHT POSITION, RIGHT CONDITION

렇지 않고 담대히 내게 접근할 자가 누구뇨 여호와의 말이니라
(렘 30:21)

"내가 그를 가까이 오게 하므로 그가 내게 접근하리라" 하신 하나님의 말씀을 주목하십시오. 어떤 기도의 말보다도 뜨거운 심령이 필요합니다. 뜨거운 심령이 없이 드리는 기도는 공허한 메아리에 불과합니다. 하나님의 말씀은 우리에게 "그러하면 우리가 주에게서 물러가지 아니하오리니 우리를 소생케 하소서 우리가 주의 이름을 부르리이다"(시 80:18)라고 하셨습니다. 그리고 솔로몬의 아가서에서는 "왕이 나를 침궁으로 이끌어 들이시니 너는 나를 인도하라 우리가 너를 따라 달려가리라 우리가 너를 인하여 기뻐하며 즐거워하니 네 사랑이 포도주에서 지남이라 처녀들이 너를 사랑함이 마땅하니라"(아 1:4)고 말씀하셨습니다.

잔 귀용 여사는 기도의 훌륭한 용사였습니다. 그녀는 이렇게 말합니다.

기도할 때 갖추어야 할 가장 기본적인 자세는 머리로 기도하는 것이 아니라 심령으로 기도하는 것이다. 왜냐하면 인간의 마음은 극히 제한적이어서 한 번에 한 가지 밖에 집중할 수 없기 때문이다.

그러나 우리의 심령에서 나오는 기도는 이성에 의해 지배되지 않는다. 마음이 오염되지 않는 한, 그 어떤 것도 순수한 우리 기도를

방해할 수 없을 것이다. 하나님의 달콤한 사랑을 경험하기만 하면 열정적인 기도를 드리고자 하는 우리의 마음을 그 누구도 빼앗을 수 없을 것이다.

우리의 심령 속에서 그분의 달콤한 사랑을 즐거워하기 위해서는 우리 심령이 순수해야 하고 죄를 깊이 회개하는 마음이 필수적입니다. 성경은 선포합니다. "하나님의 구하시는 제사는 상한 심령이라 하나님이여 상하고 통회하는 마음을 주께서 멸시치 아니하시리이다"(시 51:17).

하나님은 상한 심령, 진실한 심령들을 찾고 계십니다. 시편 51편 6절에서는 "중심에 진실함을 주께서 원하시오니 내 속에 지혜를 알게 하시리이다"라고 선언하고 있습니다.

시편 145편 18절-19절은 더욱 분명하게 말해 줍니다.

> 여호와께서는 자기에게 간구하는 모든 자 곧 진실하게 간구하는 모든 자에게 가까이 하시는도다 저는 자기를 경외하는 자의 소원을 이루시며 또 저희 부르짖음을 들으사 구원하시리로다

죄에서 떠나 진실과 정직으로 하나님께 부르짖는 모든 자들을 하나님은 가까이 하십니다.

여호와께서 이같이 말씀하시되 하늘은 나의 보좌요 땅은 나의 발 등상이니 너희가 나를 위하여 무슨 집을 지을꼬 나의 안식할 처소가 어디랴 나 여호와가 말하노라 나의 손이 이 모든 것을 지어서 다 이루었느니라 무릇 마음이 가난하고 심령에 통회하며 나의 말을 인하여 떠는 자 그 사람은 내가 권고하려니와 (사 66:1-2)

우리가 기도를 시작할 때 하나님께서는 우리 심령을 살피십니다. 그러므로 기도는 준비된 심령에서 나와야 합니다. 이때 드리는 기도는 하늘 보좌를 움직이는 파워 기도가 됩니다.

효과적이고 기름 부으심이 있는 파워 기도를 드리는 비밀은 외부 요소에 있는 것이 아니라 하나님과의 관계와 우리의 심령 상태에 달려 있습니다.

나 여호와가 말하노라 너희를 향한 나의 생각은 내가 아나니 재앙이 아니라 곧 평안이요 너희 장래에 소망을 주려하는 생각이라 너희는 내게 부르짖으며 와서 내게 기도하면 내가 너희를 들을 것이요 너희가 전심으로 나를 찾고 찾으면 나를 만나리라 나 여호와가 말하노라 내가 너희에게 만나지겠고 너희를 포로된 중에서 다시 돌아오게 하되 내가 쫓아 보내었던 열방과 모든 곳에서 모아 사로잡혀 떠나게 하던 본 곳으로 돌아오게 하리라 여호와의

CHAPTER 7 기도응답의 적시 적소에 있으라

말이니라 하셨느니라 (렘 29:11-14)

하나님과 단둘이 있는 올바른 장소, 주님의 보혈 아래에 있는 온전한 자세, 준비되고 깨끗한 심령의 올바른 상태가 갖추어지면 하나님께서는 그분의 임재하심과 권능으로 여러분의 기도를 존중해 주실 것입니다!

CHAPTER 8

세 가지 기도 세계
THREE WORLDS OF PRAYER

"내가 너희를 택하여 세웠나니… 내 이름으로 아버지께
무엇을 구하든지 다 받게 하려 함이니라"(요15:16)고 하신
주님의 말씀에 더욱 충실하게 하소서.
두려워하지 말고 기도하게 하소서.
의심하지 말고 기도하게 하소서.
불평하지 말고 기도하게 하소서.
절망하지 말고 기도하게 하소서.
어려울 때 내 힘만 가지고 노력하다 좌절하지 않게 하시고
기도의 권능과 모든 일에 부족함이 없으신
하나님이 계심을 증명할 수 있는 기회가 왔음을 알게 하소서.

— A. B. 심슨(A. B. Simpson) —

CHAPTER 8 세 가지 기도 세계

캐나다, 토론토에서 사역한지 30년이 지났지만 그때의 모든 일들이 마치 어제 일처럼 느껴집니다.

1974년 4월 어느 날, 내 마음 속에서 잊혀지지 않는 한 사건이 토론토에서 일어났습니다. 방 안에서 하나님과 은밀하게 깊은 교제를 나누고 있었습니다. 하나님의 임재하심이 너무나 선명하여 마치 1973년 12월의 캐더린 쿨만(Kathryn Kuhlman) 여사 집회를 참석하고 있는 것처럼 느껴졌습니다. 기도를 드리면서 주님께 "어떻게 제가 이렇게 놀라운 하나님의 영광을 경험할 수 있게 되었나요?"라고 물어 보던 것이 기억납니다. 지금은 알고 있습니다. '나를 향하신 하나님의 놀라운 계획이 있었다.'는 것을 말입니다.

방에서 일어났을 때 갑자기 눈앞에 환상이 펼쳐졌습니다. 환상 속에서 누군가가 내 앞에 서 있는 것이 보였습니다. 그 사람은 고통 가운데 불구덩이 속에 서 있었습니다. 서 있는 사람이 남자인지 여자인지 분간하기는 어려웠습니다. 그 사람의 발은 불길에 휩싸여 잘 보이지 않았고 고통에 괴로와하며 이상한 신음 소리를 내면서 힘들게 입술을 열었다 닫았다 하였습니다. 그 모습은 마치 마태복음 13장 42절에서 "풀무 불에 던져 넣으리니 거기서 울며 이를 갊이 있으리라"고 묘사해 놓은 것과 같았습니다.

아래 있던 불길이 갑자기 솟아 올라와 이 사람을 확 삼켜 버리자 나는 너무 놀라서 "안돼요! 안돼요! 안돼요!" 하고 울부짖었습니다.

이 순간이 지나자 주님의 음성이 들려 왔습니다.

"복음을 전하라!"

그러나 나는 주저했습니다.

"오 주님, 저는 말을 잘 하지 못합니다."

나는 그때에 심하게 말을 더듬고 있었습니다. 이런 상태에서 어떻게 말씀을 전할 수 있단 말입니까!

그 이후로 나는 아주 선명한 꿈 하나를 꾸게 되었습니다. 천국 문에 연결된 듯한 큰 체인을 가지고 한 천사가 나타났습니다. 천사가 문에 연결된 체인을 잡아 당기니 문이 열리면서 문 안쪽에 끝없이 펼쳐지는 수많은 군중들의 모습이 보였습니다. 천사가 나를 부르더니 더 높은 장소로 데리고 갔습니다. 아래를 쳐다 보니 수많은 군중들이 앞을 향해서 걸어가고 있었습니다. 군중들이 발을 질질 끌면서 가고 있는 곳은 삼켜 먹을 듯이 이글거리는 지옥 불이었습니다. 지옥 불 가까이 절벽에 이르렀을 때 사람들은 뒤에서 밀려오는 힘에 의하여

CHAPTER 8 세 가지 기도 세계

아래 지옥 불로 떨어져 갔습니다. 절벽 아래로 떨어진 사람들은 더 이상 시야에 들어 오지 않았습니다. 그리고 이어 다시 주님의 음성이 들려 왔습니다.

"가서 복음을 전하라. 만약 네가 전하지 아니하여 사람들이 죽게 된다면 그들의 피 값을 네 손에서 찾겠노라."

주님의 음성 속에서는 날카로운 칼로 물건을 베는 듯한 예리한 경고가 담겨져 있었습니다. 그 이후로 나는 복음을 전하지 않으면 안 되었습니다. 그 짧은 꿈 이후로 복음을 증거할 수 있는 길들이 점점 열리기 시작했습니다. 내 인생 처음으로 복음을 전하기 위하여 강단에 섰을 때 주님께서 내 말 더듬을 치료하셨다는 것을 알게 되었습니다. 할렐루야!

그때 이후로 30년이 지났지만 지금도 그때의 일들이 마치 어제의 일처럼 눈앞에 선명하기만 합니다. 나의 영안을 여시고 하늘 문이 열리어 주님의 음성을 듣게 해 달라는 것이 나의 기도 제목이었습니다. 그때 이후로 나는 파워 기도를 경험하기 시작했습니다.

THREE WORLDS OF PRAYER

기도의 세 가지 세계

기도에 대해 공부할 때는 언제나 말씀으로 돌아가야 합니다. 마태복음 7장 7절-8절에서 "구하라 그러면 너희에게 주실 것이요 찾으라 그러면 찾을 것이요 두드리라 그러면 너희에게 열릴 것이니 구하는 이마다 얻을 것이요 찾는 이가 찾을 것이요 두드리는 이에게 열릴 것이니라"고 기록하고 있습니다.

주님은 오늘 본문에서 세 가지 기도의 세계를 제시합니다. 그것은 구하는 세계, 찾는 세계, 그리고 두드리는 세계입니다. 각 세계는 독특한 목적이 있고 직접 하나님 보좌로 우리를 이끌어 줍니다. 모세가 하나님의 지시하심을 따라 광야에 성막을 지을 때에도 세 영역으로 나누어 지었습니다.

- 뜰---이 곳의 사면은 포장으로 담이 둘려져 있으며 번제단과 물두멍이 있습니다.
- 성소---등대, 떡 상이 있습니다.
- 지성소---언약궤와 금향로가 있습니다.

CHAPTER 8 세 가지 기도 세계

성막에도 세 가지 기도의 세계가 드러납니다.

· 뜰은 구하는 세계입니다.
· 성소는 찾는 세계입니다.
· 지성소는 두드리는 세계입니다.

구하는 세계 (The World of Asking)

마태복음 7장 8절에서 "구하는 이마다 받을 것이요"라고 말씀합니다. 기도의 시작은 구하는 것입니다. 구한다는 것은 예수 안에 거한다는 의미가 있습니다.

> 너희가 내 안에 거하고 내 말이 너희 안에 거하면 무엇이든지 원하는대로 구하라 그리하면 이루리라 (요 15:7)

구하는 일은 성막 뜰에서 행해집니다. 이곳은 우리의 요구를 하나님께 알리는 곳입니다.

아무 것도 염려하지 말고 오직 모든 일에 기도와 간구로 너희 구

할 것을 감사함으로 하나님께 아뢰라 그리하면 모든 지각에 뛰어
난 하나님의 평강이 그리스도 예수 안에서 너희 마음과 생각을
지키시리라 (빌 4:6)

이곳은 우리가 구하고 받는 곳입니다. 주님께 나아가 우리의 소원과 필요를 알리는 곳입니다. 이곳은 또한 우리 죄를 고백하며 주님의 보혈로 깨끗함을 받는 곳입니다. 요한일서 1장 9절에서 "만일 우리가 우리 죄를 자백하면 저는 미쁘시고 의로우사 우리 죄를 사하시며 모든 불의에서 우리를 깨끗케 하실 것이요"라고 약속하신 것처럼 우리는 이 곳에서 회개할 때 죄를 사하시는 의로우시고 신실하신 하나님을 만나게 되는 장소입니다. 번제단이 있는 장소, 이곳 성막 뜰에서는 십자가에서 흘리신 주님의 보혈을 발견하게 될 것입니다.

성막 뜰에는 또한 물두멍이 있다는 것을 기억하십시오. 물두멍은 하나님의 말씀을 상징합니다. 우리는 기도를 통해서 하나님께 하나님이 하신 말씀을 다시 한번 상기시켜 드립니다.

그를 향하여 우리의 가진바 담대한 것이 이것이니 그의 뜻대로
무엇을 구하면 들으심이라 (요일 5:14)

그래서 다윗은 시편 119편 2절에서 "여호와의 증거를 지키고 전

CHAPTER 8 세 가지 기도 세계

심으로 여호와를 구하는 자가 복이 있도다"라고 외쳤습니다.

이곳에서 주님을 기다리며 반드시 승리하는 기도를 드려야 합니다. 여기에서 기도를 성공하면 우리는 그 다음 단계로 넘어 가도록 허락됩니다.

찾는 세계 (The World of Seeking)

성소에서의 기도는 찾는 기도 세계입니다. 그곳에는 한쪽에 등대(Candlestick)가 있고 다른 한쪽에는 진설병상(Table of Showbread)이 놓여 있습니다. 휘장 쪽으로 살펴보면 향단(Table of Incense)이 하나 있음을 발견합니다. 이곳은 성령님께서 우리에게 간구의 영을 주시어 주님을 찾는 기도의 세계입니다. 예레미야 29장 13절-14절의 말씀입니다.

> 너희가 전심으로 나를 찾고 찾으면 나를 만나리라 나 여호와가 말하노라 내가 너희에게 만나지겠고 너희를 포로된 중에서 다시 돌아오게 하되 내가 쫓아 보내었던 열방과 모든 곳에서 모아 사로잡혀 떠나게 하던 본 곳으로 돌아오게 하리라 여호와의 말이니라 하셨느니라

이곳에서 기도하면서 주님을 발견하게 되고 모든 구속으로부터 자유를 얻게 되는 기도의 세계입니다. 이곳은 하나님의 말씀에 대한 통찰력이 생기는 곳입니다. 성소에 있는 진설병으로 인하여 여러분의 영혼을 살찌우는 장소입니다.

이곳은 성소에 서 있는 향단으로 인하여 진정한 예배를 경험하는 곳입니다.

주님을 구하고 찾는 가운데 여러분의 심령이 하나님의 말씀으로 채워지는 경험을 하게 될 것입니다. 예배에 더욱 몰두하게 될 것이며 기독교인이 소유할 수 있는 최고의 대우인 지성소에로 나아가 두드리는 기도 세계로 가는 티켓을 갖게 될 것입니다.

두드리는 세계 (The World of Knocking)

지성소에서 일어나는 두드리는 기도의 세계는 하나님과 동역자 관계를 형성하는 단계입니다. 이곳은 기도의 가장 깊은 단계인 중보기도가 일어나는 장소입니다.

대제사장만이 일 년에 한 번 들어가 이스라엘 백성들을 위하여 기도하던 지성소는 백성들과 대제사장의 죄를 대신할 제물의 피를 드리는 곳입니다.

CHAPTER 8 세 가지 기도 세계

모세는 이곳에서 계속해서 이스라엘 백성을 위하여 중보기도하였습니다. 지성소는 중보기도의 장소입니다. 오늘날에는 여러분과 나를 위하여 중보기도하시는 주님이 계신 하늘 나라가 지성소입니다.

> 그러므로 자기를 힘입어 하나님께 나아가는 자들을 온전히 구원
> 하실 수 있으니 이는 그가 항상 살아서 저희를 위하여 간구하심
> 이니라 (히 7:25)

19세기 영국의 위대한 설교가 찰스 스펄전(Charles Spurgeon)은 다음과 같이 기록했습니다.

> 기도에 대한 주님의 약속은
> 몇 가지 형태로 나누인다
> 구하라 그리하면 받을 것이요
> 찾으라 그리하면 찾을 것이요
> 두드리라 그리하면 열릴 것이니라
> 중요한 것은
> 드리는 기도의 형태가 어떤 종류이든 간에
> 응답은 반드시 온다는 것이다

오늘날 주님은 우리가 성막 뜰에 나아가 구할 제목들을 아뢰고 하나님의 응답과 사랑의 손으로부터 받으라고 하십니다. 그리고 성소에 들어가 주님을 발견할 때까지 찾으라 하십니다. 또한 우리에게 지성소에 나아가 다른 영혼들을 위하여 중보기도하라고 말씀하십니다. 지성소에 나아가 다른 영혼들의 구원을 위하여 중보기도를 하기만 하면 하나님께서는 얼마든지 많은 영혼들을 구원하실 수 있다는 것을 우리는 발견하게 될 것입니다.

C·H·A·P·T·E·R 9

금식기도를 통한 기도생활의 진보
INCREASING YOUR PRAYER LIFE THROUGH FASTING

능력 있는 기도를 원한다면 금식기도를 하라.
이것은 기도할 때마다 금식을 해야 한다는 뜻은 아니다.
우리 개인의 삶 속에서 특별한 위기나 응급상황이 발생할 때
모든 자연 욕구의 만족을 물리치고 전적으로 기도에만 매달리는
사람들의 기도에는 특별한 능력이 있다.
삶 속에서 모든 위기들은 이러한 방법으로 대처되어야 한다.

― R. A. 토레이(R. A. Torrey) ―

CHAPTER 9 금식기도를 통한 기도생활의 진보

주님께서는 이 땅에 계실 때에 금식기도에 대하여 분명하게 말씀하셨습니다.

> 가라사대 너희 믿음이 적은 연고니라 진실로 너희에게 이르노니 너희가 만일 믿음이 한 겨자씨만큼만 있으면 이 산을 명하여 여기서 저기로 옮기라 하여도 옮길 것이요 또 너희가 못할 것이 없으리라(이런 유는 기도와 금식으로가 아니면 나가지 않느니라
> (마 17:20-21)

금식기도가 우리 주님의 사역에 그렇게 중요했다면 우리도 금식기도를 간과해서는 안될 것입니다. 내게도 금식기도는 지난 수년 동안 중요한 기도 중의 하나였습니다. 믿음의 선배들의 글을 읽으면서 금식기도에 대해 많은 것들을 배웁니다. 가까운 사람으로는 아내 수잔과 나의 어머니에게서 금식기도를 할 때마다 놀라운 결과들이 일

어나는 것을 봅니다.

　수년 전, 나의 어머니는 매주 금요일마다 습관적으로 금식기도를 하셨습니다. 그리스 정교도로서 성장한 어머니의 신앙 스타일 때문에도 아니었고 목사님이나 외할머니가 시켜서 금식기도를 드리는 것도 아니었습니다.

　어머니께서는 항상 "하나님이 시켜서 한 것 뿐이야."라고 고백했습니다. 금식기도를 마칠 때마다 어머니는 놀라운 영적 성장과 권능을 갖게 되는 것을 보았습니다.

　나의 아내 수잔은 목사님 가정에서 자랐습니다. 그녀는 기도와 금식하는 것에 얼마나 헌신되어 있는지 모릅니다. 지난 수년 동안 내가 금식기도한 것보다 그녀가 더 많은 금식기도를 했을 정도입니다. 그녀의 금식기도는 어려운 난관을 헤쳐 나가는 돌파력을 발휘하곤 했습니다.

　두 여인의 금식기도를 보면서 그것이 얼마나 능력 있는 기도인지를 알게 되었습니다. 더 나아가 믿는 자들은 금식기도에 대한 올바른 이해가 필요하다는 것을 느낍니다. 적들이 둘러놓은 벽을 허물고 하늘 문을 열기 위해서는 어떻게 금식기도해야 하는지, 왜 금식기도해야 하는지를 알 필요가 있습니다.

CHAPTER 9   금식기도를 통한 기도생활의 진보

금식기도하기 전에 물어 보아야 할 것들

지금 드리는 금식기도가 특별한 목적을 가진 금식기도인지를 먼저 점검해 볼 필요가 있습니다.

여기 다섯 가지 질문들이 있습니다.

이 금식이 하나님의 인도하심을 받고 있나요?

지금 드리는 금식기도가 하나님의 인도하심을 받고 있습니까? 그 금식기도가 하나님의 기름 부으심을 받았습니까? 이런 질문을 하는 이유는 어떤 이들은 금식기도를 자신의 영적인 자랑을 위하여 하기 때문입니다. 누가복음 18장 11절-12절에서는 "바리새인은 서서 따로 기도하여 가로되 하나님이여 나는 다른 사람들 곧 토색, 불의, 간음을 하는 자들과 같지 아니하고 이 세리와도 같지 아니함을 감사하나이다 나는 이레에 두 번씩 금식하고 또 소득의 십일조를 드리나이다"라고 기록하고 있습니다. 바리새인들은 그들의 의를 드러내기 위하여 금식기도를 하기 때문에 예수님께서는 그들의 금식을 정죄하

153

셨습니다.

우리는 하나님의 인도하심을 따라 금식기도 해야 합니다. 그렇지 않으면 사단의 올무에 걸리기 쉽습니다. 성령님의 인도하심 따라 금식기도를 하십시오. 이러할 때 우리의 금식기도는 하나님께 영광을 돌리며 그분을 기쁘시게 할 것입니다.

금식기도 드리는 동기가 무엇입니까?

어떤 이들은 금식을 단식 투쟁으로 생각하고 단식을 통해서 하나님을 코너에 집어넣어 그들이 원하는 것을 관철시키려는 수단으로 생각하는 이들이 있습니다. 또 다른 분들은 자신의 금식을 영적 금식이라고 부르지만 살을 빼기 위한 수단으로 금식을 하기도 합니다.

성경에서는 육체를 위하여 사는 것을 '우상 숭배'라고 했습니다. 고린도전서 10장 7절에서 "저희 중에 어떤 이들과 같이 너희는 우상 숭배하는 자가 되지 말라 기록된바 백성이 앉아서 먹고 마시며 일어나서 뛰논다 함과 같으니라"고 경고하셨습니다. 그들의 육체가 그들의 신이었습니다. 금식기도를 통해 육체를 섬기는 것은 우상 숭배입니다. 진정한 금식은 자신을 십자가에 못 박는 것입니다. 우리는 사도 바울과 같이 육체를 쳐 복종시키는 믿음의 사람들이 되어야 합

CHAPTER 9 금식기도를 통한 기도생활의 진보

니다.

아담과 하와가 에덴 동산에서 타락한 이유는 육체의 정욕 때문이었습니다. 육체는 사단이 공격하기 좋아하는 메뉴 중의 하나입니다. 사단은 심지어 예수님께 다가와 육체를 유혹했습니다.

시험하는 자가 예수님께 와서 말했습니다. "네가 만일 하나님의 아들이어든 명하여 이 돌들이 떡덩이가 되게 하라"(마 4:3). 왜 이 말로 예수님을 시험했을까요? 그 이유는 예수님이 육체의 시험에 굴복하는 것을 마귀는 보기 원했던 것입니다. 이런 마귀의 시험에 대하여 예수님께서는 "기록되었으되 사람이 떡으로만 살 것이 아니요 하나님의 입으로 나오는 모든 말씀으로 살 것이라 하였느니라"(마 4:4)라고 말씀하셨습니다. 예수님이 마귀에게 항복하지 않으신 것처럼 우리도 마귀에게 항복해서는 안됩니다.

금식기도의 특별한 목적이 있습니까?

성경에 나타난 대부분의 금식기도자들은 건짐, 치유, 사역 감당, 개인적인 문제 등의 특별한 목적을 가지고 금식기도를 시작했습니다. 어느 누구도 "한번 굶어 볼까?" 하고 시작한 사람은 없었습니다.

여러분은 어떻습니까? 여러분이 자기를 부인하며 금식기도를 시작할 때 인도하심 받은 구체적인 이유들을 진술할 수 있습니까?

어떤 결과를 기대합니까?

금식기도가 끝나면 어떤 삶의 변화를 기대하십니까?
주님과 더욱 가까워진 상태를 기대하십니까?
어떤 기도가 응답될 것 같습니까?
이번 금식기도를 통해서 당신의 삶에 변화가 일어날 것이라고 생각하십니까?
주기적으로 형식이나 전통에 매여서 금식기도를 해서는 안 됩니다. 그리고 금식기도하는 것이 여러분의 삶의 목표가 되어서는 안됩니다. 금식기도가 끝나면 어떤 결과를 예측하십니까?

금식하는 동안 주님을 섬길 수 있습니까?

종종 사람들은 반대로 생각을 합니다. '우리가 금식하면 하나님께서 우리를 도와주실 거야.' 라고… 물론 하나님은 도와 주십니다. 그러나 더 중요한 것은 금식하면서 우리는 주님을 섬겨야 한다는 것

CHAPTER 9 금식기도를 통한 기도생활의 진보

입니다. 안디옥에 있는 사람들은 '주를 섬겨 금식' 했습니다.

> 주를 섬겨 금식할 때에 성령이 가라사대 내가 불러 시키는 일을 위하여 바나바와 사울을 따로 세우라 하시니 (행 13:2)

주님은 "나를 섬기므로 금식하느냐?"라고 물어보실 것입니다. 스가랴 선지자를 통하여 하나님께서도 같은 말씀을 하십니다.

> 온 땅의 백성과 제사장들에게 이르라 너희가 칠십 년 동안 오월과 칠월에 금식하고 애통하였거니와 그 금식이 나를 위하여 나를 위하여 한 것이냐 (스가랴 7:5)

금식은 개인적인 영적 훈련이나 종교적인 전통 그 이상의 것입니다. 금식하는 이유에 대한 분명한 목적을 가져야 합니다. 그러면 당신은 확실하게 금식기도하는 목적을 향해 나아갈 수 있습니다.

일곱 가지 종류의 금식들

성경에는 각각 분명한 목적을 가진 일곱 가지 종류의 금식을 말하고 있습니다. 하루 금식, 3일 금식, 3주 금식, 40일 금식 등이 있습니다. 이런 예는 이렇게 날짜 수를 채우라고 정해진 것은 아니며 금식의 예로써 기록된 것입니다.

위기 때 드리는 금식

구약에 에스더가 드린 삼일간의 드라마틱한 금식기도 이야기가 있습니다. 바벨론의 대신이었던 하만이 이스라엘 민족을 미워하여 그들을 바벨론에서 다 제거해 버리기로 결정하고 에스더의 삼촌인 모르드개를 교수형에 처할 계획을 세웠습니다. 에스더가 이 말을 들었을 때 그녀는 '죽으면 죽으리라' 하고 3일간의 금식기도를 하나님께 드리게 됩니다. 그녀가 처한 위기의 상황에서 드린 금식기도였습니다.

CHAPTER 9 금식기도를 통한 기도생활의 진보

당신은 가서 수산에 있는 유다인을 다 모으고 나를 위하여 금식하되 밤낮 삼일을 먹지도 말고 마시지도 마소서 나도 나의 시녀로 더불어 이렇게 금식한 후에 규례를 어기고 왕에게 나아가리니 죽으면 죽으리이다 (에스더 4:16)

하나님께서 상황을 반전시켜 주시도록 그녀는 기도합니다. 그리고 기도한 대로 모든 일들이 해결되어 갔습니다. 왕은 그녀의 요구를 승인했을 뿐만 아니라 하만의 악한 계획을 알게 되었으며 모르드개를 매달려고 하만이 만든 교수대에 하만을 달게 했습니다.

모르드개를 달고자 한 나무에 하만을 다니 왕의 노가 그치니라
(에스더 7:10)

에스더의 기록뿐만 아니라 다메섹 선상에서 예수 그리스도를 만나 극적인 변화를 겪은 사울도 다소에서 3일간의 금식에 들어갑니다. 하늘에서 내려오는 빛에 의하여 시력을 잃은 사울은 3일 동안 식음을 전폐하였습니다. 바리새인에게 있어서 예수 그리스도를 믿는다는 것은 곧 죽음을 의미했습니다.

사흘 동안을 보지 못하고 식음을 전폐하니라 (행 9:9)

금식 후에 '아나니아'라고 하는 주의 제자가 찾아와 사울에게 안수하자 시력이 회복되었습니다. 그리고 사울은 후에 '바울'이라 불리우며 예수 그리스도의 복음을 선포하는 종으로 쓰임 받게 되었습니다.

계시를 위한 금식

두 번째 금식에 대한 성경 말씀의 기록은 21일 동안 드린 다니엘의 부분적인 금식기도입니다. 이것은 주님께 미래를 보여 달라고 드리는 금식기도였습니다.

> 그 때에 나 다니엘이 세 이레 동안을 슬퍼하며 세 이레가 차기까지 좋은 떡을 먹지 아니하며 고기와 포도주를 입에 넣지 아니하며 또 기름을 바르지 아니하니라 (단 10:2-3)

이것은 음식에만 손을 대지 않은 부분적인 금식이었습니다. 그는 좋은 떡과 고기와 포도주를 입에 대지 않았습니다.

그 금식기도의 목적은 천사장 가브리엘이 다가와 이야기할 때 더욱 분명해집니다. "이제 내가 말일에 네 백성의 당할 일을 네게 깨

CHAPTER 9 금식기도를 통한 기도생활의 진보

닫게 하러 왔노라 대저 이 이상은 오래 후의 일이니라"(단 10:14)고 가브리엘이 말했습니다. 다니엘의 21일 부분 금식은 계시를 위한 금식이었습니다. 그 금식기도를 통해서 하나님께서는 미래에 일어날 일들을 다니엘에게 보여 주셨습니다.

그 전에도 다니엘은 같은 종류의 금식기도를 드린 적이 있습니다.

> 내가 금식하며 베옷을 입고 재를 무릅쓰고 주 하나님께 기도하며 간구하기를 결심하고 (단 9:3)

얼마 지나지 않아 하나님께서는 그에게 계시를 주셨습니다.

> 곧 네가 기도를 시작할 즈음에 명령이 내렸으므로 이제 네게 고하러 왔느니라 너는 크게 은총을 입은 자라 그런즉 너는 이 일을 생각하고 그 이상을 깨달을찌니라 (단 9:23)

재 검증을 요구하는 금식

구약시대에 하나님께서는 이스라엘 백성들로 하여금 하루를 구별하여 대속의 날로 정하고 그들의 영적인 상태를 체크하는 날을 갖게 하셨습니다.

> 칠월 십일은 속죄일이니 너희에게 성회라 너희는 스스로 괴롭게 하며 여호와께 화제를 드리고 (레 23:27)

겸손했던 다윗은 왕으로서 어떻게 자신을 낮추며 겸손한 삶을 살 수 있었을까요?

그것은 금식기도의 결과였던 것입니다. 그는 "나는 저희가 병 들었을 때에 굵은 베옷을 입으며 금식하여 내 영혼을 괴롭게 하였더니 내 기도가 내 품으로 돌아왔도다" (시 35:13)라고 기록한 바가 있습니다.

하나님은 특별한 날을 정하여 자신을 부인하는 훈련을 시키셨습니다. 선지자 예레미야는 "너는 들어가서 나의 구전대로 두루마리에 기록한 여호와의 말씀을 금식일에 여호와의 집에 있는 백성의 귀에 낭독하고 유다 모든 성에서 온 자들의 귀에도 낭독하라" (렘 36:6)고 기록하였습니다. 그날은 아주 특별한 날이었습니다. 하나님은 이날 그의 백성들이 자신의 영적 상태를 진단하기를 원하셨습니다. 백성들은 "하나님 안에서 나의 영적 상태는 어떤가?"라는 질문을 받게 됩니다. 신약에 들어 와서도 이런 종류의 금식기도는 이어지는 것을 볼

CHAPTER 9　금식기도를 통한 기도생활의 진보

수 있습니다. 신약의 사람들은 의무감이나 습관 때문에 하는 것이 아니라 주님께로 더욱 가까이 가기 원해서 금식을 한 것입니다.

모든 삶의 영역에서 하나님의 인도하심을 받는 것처럼 금식기도에 있어서도 하나님의 인도하심을 받아야 합니다. 그러면 여러분은 금식기도의 확신을 가질 수가 있습니다.

건짐 받기 위해 드리는 금식기도

사사기에 나타난 극적인 기록이 있습니다. 베냐민 족속이 죄를 범하여 이스라엘과 베냐민 족속이 전쟁을 치르게 되었습니다. 하나님께서는 베냐민 한 족속과만 싸우라고 지시하셨습니다. 이스라엘 자손은 물었습니다.

> 이스라엘 자손이 일어나 벧엘에 올라가서 하나님께 묻자와 가로되 우리 중에 누가 먼저 올라가서 베냐민 자손과 싸우리이까 여호와께서 가라사대 유다가 먼저일찌니라 (사사기 20:18)

그래서 유다 족속이 나아가 베냐민과 전쟁을 하게 되었습니다. 결과는 이스라엘이 예측한 대로 진행되지 않았습니다. 베냐민 족속은 기브아에서 이스라엘 22,000명을 땅에 엎드려뜨렸다고 기록하고 있습니다(21절). 하나님께서 나가라고 해서 나간 전쟁인데 결과는 비참했고 패배자의 모습으로 돌아온 것입니다. 그들은 눈물을 흘리며 외칩니다.

> 이스라엘 자손이 올라가서 여호와 앞에서 저물도록 울며 여호와께 묻자와 가로되 내가 다시 나아가서 나의 형제 베냐민 자손과 싸우리이까 여호와께서 가라사대 올라가서 치라 하시니라
> (사사기 20:23)

그 다음날 다시 전쟁터에 나갑니다.

> 베냐민도 그 이튿날에 기브아에서 그들을 치러 나와서 다시 이스라엘 자손 일만 팔천을 땅에 엎드러뜨렸으니 다 칼을 빼는 자였더라 (사사기 20:25)

이틀 만에 이스라엘은 4만명의 사람들을 잃었습니다. 대부분의 사람들은 아마도 "하나님은 우리를 버리신 게 틀림 없어. 한 번 더 전쟁에 나가면 우리 모두는 멸망하고 말 거야."라고 말할지도 모릅니다. 그러나 그들은 두 번의 전쟁에 나가기 전에 놓친 것이 있습니

CHAPTER 9 금식기도를 통한 기도생활의 진보

다. 그들은 금식기도를 하지 않은 것입니다. 성경에서는 이것을 기록하고 있습니다.

> 이에 온 이스라엘 자손 모든 백성이 올라가서 벧엘에 이르러 울며 거기서 여호와 앞에 앉고 그 날이 저물도록 금식하고 번제와 화목제를 여호와 앞에 드리고 (사사기 20:26)

그 후 다시 이스라엘 지도자들이 언약궤 앞에 서서 "베냐민 자손과 싸우리이까 말리이까"라고 묻자 하나님께서 말씀하시기를 "올라가라 내일은 내가 그를 네 손에 붙이리라"(삿 20:28)고 말씀하셨습니다.

그들은 처음부터 금식하며 전쟁을 시작했어야 했습니다. 모세와 여러 선지자들을 통하여 금식에 대한 중요성을 여러 차례 분명하게 알렸지만 이들은 전쟁에서 두 번이나 지고 사만 명이나 잃었을 때에야 전쟁에 이기기 위해서 금식해야 된다는 것을 알게 된 것입니다. 하나님께 철저한 순종이 될 때에 전쟁에서 이기는 역사가 나타난 것입니다. 내일 함께 하리라고 약속하신 하나님은 그대로 실행에 옮기셨고 이스라엘은 전쟁에서 베냐민을 물리치게 됩니다.

여호와께서 이스라엘 앞에서 베냐민을 쳐서 파하게 하시매 당일

에 이스라엘 자손이 베냐민 사람 이만 오천 일백을 죽였으니 다 칼을 빼는 자이었더라 (사사기 20:35)

처음 두 번의 전쟁은 자신들의 힘만 의지하여 싸웠던 전쟁이었습니다. 그들은 지고 말았습니다. 그들이 금식하고 하나님께 철저한 순종을 드렸을 때 그들은 승리할 수가 있었습니다.

심판으로부터 자유하기 위한 금식

이미 심판 받기로 정해진 죄인일지라도 하나님의 원리들을 따랐을 때 심판을 모면한 경우들이 성경에 기록되고 있습니다. 이세벨의 남편이며 이스라엘의 왕인 아합이 이 경우입니다. 아합은 악한 왕이었지만 하나님은 관대하셨습니다.

아합이 이 모든 말씀을 들을 때에 그 옷을 찢고 굵은 베로 몸을 동이고 금식하고 굵은 베에 누우며 행보도 천천히 한지라 여호와의 말씀이 디셉 사람 엘리야에게 임하여 가라사대 아합이 내 앞에서 겸비함을 네가 보느냐 저가 내 앞에서 겸비함을 인하여 내가 재앙을 저의 시대에 내리지 아니하고 그 아들의 시대에야 그

CHAPTER 9 금식기도를 통한 기도생활의 진보

집에 재앙을 내리리라 하셨더라 (왕상 21:27-29)

아합의 금식은 그에게 내려진 심판을 지나가게 했습니다. 이러한 강력한 영적 원리들을 발견한 사람들은 누구든지 그 원리들을 적용할 수 있습니다.

치유를 위한 금식

수년 동안 의사들과 영양사들의 말을 빌리면 "금식은 우리 몸을 깨끗하게 하고 치유를 가속시킨다"고 합니다. 금식할 때에 우리 몸 속의 독한 성분들이 몸에서 빠져 나가기 때문입니다.

성경에 아말렉 사람이 삼일 동안 음식을 먹지 않음으로 치유되었다고 하는 기록이 있습니다.

무리가 들에서 애굽 사람 하나를 만나 다윗에게로 데려다가 떡을 주어 먹게 하며 물을 마시우고 무화과 뭉치에서 뗀 덩이 하나와 건포도 두 송이를 주었으니 그가 낮 사흘, 밤 사흘을 떡도 먹지 못하였고 물도 마시지 못하였음이라 그가 먹고 정신을 차리매

(삼상 30:11-12)

167

혹자는 그가 나은 것은 음식 때문이라고 결론 지을지 모르나 나는 금식에 의해서라고 생각합니다. 금식으로 인하여 영적으로 정신적으로 육체적으로 혜택을 입은 사람들이 전 세계에 퍼져 있습니다.

건강을 위한 단식을 하기 전에 반드시 여러분의 담당 의사와 상담을 해야 합니다. 의학 박사이며 나의 친구인 '돈 콜버트 박사(Don Colbert, M. D.)'는 플로리다의 롱우드(Longwood)에서 의사로 일하고 있습니다. 그는 건강에 대한 책들을 저술했는데 그 중에 『신령한 건강을 누리며』와 『독소 제거』라는 책이 있습니다. 건강에 대한 강의를 하시는 분들은 이 책을 읽기를 추천합니다. 나도 수년 동안 건강에 대한 상담을 콜버트 박사님에게서 받아 오고 있습니다.

지배를 위한 금식

성경에 40일 금식을 한 사람은 세 사람 있습니다. 모세, 엘리야, 그리고 예수 그리스도이십니다.

- 모세는 율법을 받기 전에 40일 금식을 했습니다(출 24:18).
- 엘리야는 로뎀나무 아래에 누워 자다가 천사의 깨워줌을 인하여 일어나 천사가 만들어준 음식을 먹고 난 후 40일 밤낮으로

CHAPTER 9 　금식기도를 통한 기도생활의 진보

걸어서 호렙산에 이르게 됩니다.

이에 일어나 먹고 마시고 그 식물의 힘을 의지하여 사십주 사십
야를 행하여 하나님의 산 호렙에 이르니라 (왕상 19:8)

· 예수님은 성령님에 이끌려 광야에서 40일 금식기도를 하셨습
  니다.

예수께서 성령의 충만함을 입어 요단강에서 돌아오사 광야에서
사십 일 동안 성령에게 이끌리시며 마귀에게 시험을 받으시더라
이 모든 날에 아무 것도 잡수시지 아니하시니 날 수가 다하매 주
리신지라 (눅 4:1-2)

이렇게 오랫동안 40일 금식기도하는 것을 나는 그 누구에게도 추천하지 않습니다. 일반적으로 사람이 40일 동안 음식을 먹지 않고는 살 수가 없기 때문입니다.

기타 금식의 주의점

"당신은 금식을 어떻게 시작하시고 어떻게 끝내시나요?"라는 질문을 종종 받습니다. 앞서 말씀 드렸듯이 여러분의 담당 의사와 먼저 상담 하십시오. 어떤 의사들은 여러분이 금식기도하고자 하는 것을 이해하지 못합니다. 그러나 점점 더 많은 의사들과 영양사들이 육체적, 정신적, 영적인 금식의 유익함을 인정하고 있습니다. 성령 충만하고 나와 내 가족들의 담당의사인 '돈 콜버트' 의사 선생님은 하나님이 보내신 분입니다.

당신의 현재 영적, 감정적, 그리고 육체적 건강 상태가 가장 우선 고려되어야 합니다. 예를 들면 만약 당신이 음식과 함께 약을 먹고 있다면 금식을 해서는 안됩니다. 약을 먹어야 하는 경우는 위와 같은 지침을 따르면 되지만 개인 상황에 따라 아주 복잡한 경우가 있습니다. 아무튼 지혜롭게 하시기 바랍니다.

의사와 상담이 끝나면 천천히 금식을 시작해 보십시오. 제일 먼저 한 끼 금식을 제안합니다. 그 다음은 두 끼 금식을 하세요. 그리고 금식에 익숙해지면 며칠 아니면 일주 정도 해 보십시오.

어떤 이는 내게 와서 이렇게 말합니다. "하나님이 인도하셨어요.

CHAPTER 9 금식기도를 통한 기도생활의 진보

이번에 금식하면 모든 문제가 풀린다고 하셨어요. 아무리 오래 걸려도 금식을 할 거예요." 그러나 이것은 아주 위험한 판단입니다. 얼마나 오래 금식할 것이냐는 여러분의 담당 의사와 상의하시고 나서 결정 하십시오. 금식은 시작하는 것보다 마치는 과정이 더욱 중요합니다. 금식이 끝나갈 무렵 여러분의 몸은 음식을 바로 받을 수 있는 준비가 되어 있지 않습니다. 금식이 끝나면 많은 사람들은 바로 레스토랑으로 달려가 스카프를 두르고 큼지막한 스테이크를 시켜서 뚝 뚝 잘라가며 마음껏 먹기 원할 것입니다. 그렇게 하면 큰일 납니다. 먼저 과일 주스를 마시고 야채 주스를 마십시오. (두 개를 섞어서 마시면 안 됩니다!) 그리고 몸이 적응이 되면 며칠 뒤에 과일, 수프, 샐러드, 통밀 빵을 드십시오. 아직 여러분의 몸은 생선이나 닭고기, 육류 등에 준비가 되지 않았습니다. 음식의 양을 잘 조절해야 합니다. 그리고 충분한 휴식을 취해야 합니다. 선한 목적을 위하여 하는 금식을 지혜롭게 마쳐야 합니다.

금식은 우리 그리스도인들의 삶의 일부분입니다. 금식은 주님과의 관계를 돈독하게 만들어 주며 하나님의 더 가까운 임재하심을 느낄 수가 있습니다. 우리의 기도는 탄력을 받게 되어 파워 기도로 변하게 될 것입니다.

예수님의 이름으로 드리는 금식기도는 우리의 믿음을 더 강한 믿음으로 업그레이드 시킬 것이며 우리 기도생활을 더 힘있게 만들

것입니다.

CHAPTER 10

효과적인 기도로 가는 단계
STEPS TO EFFECTIVE PRAYER

기도는 하나님의 에너지들을 방출시키는 것이다.
왜냐하면 기도는 우리가 할 수 없는 것들을
하나님께서 하시도록 구하는 것이기 때문이다.

— 찰스 트럼불(Charles Trumbull) —

CHAPTER 10 효과적인 기도로 가는 단계

제1차 세계대전 기간 중에 일어난 사건입니다. 한 영국 병사가 밤에 부대를 떠나 무단 외출을 하여 숲 속에서 기도하다가 몰래 들어오면서 잡힌 사건이 일어났습니다. 그는 부대를 무단 외출했다 하여 상관 장교에게 불려 갔고 적들과 내통했다는 오해를 받아 다음날 아침 총살형이 실시될 예정이었습니다. 사실 이 병사는 밤에 숲 속에서 장시간 기도하고 온 것이었지만 오해를 받은 것입니다. 기도하고 왔다고 사실을 말했지만 모두 변명으로 간주 되었습니다.

"그렇게 몇 시간씩 혼자서 습관적으로 기도를 하느냐?"라고 상관이 퉁명스럽게 묻자, 병사는 "예, 그렇습니다!"라고 대답했습니다.

상관은 "그렇다면 지금 여기에 무릎을 꿇고 한번 기도해 봐! 알았나!"라고 명령을 내렸습니다. 만약 이 사병이 기도하지 못할 경우 그는 다음날 아침에 총살형에 처해질 수도 있는 위기에 처했습니다. 그는 무릎을 꿇고 앉아서 온 힘을 다해 성령님이 인도하셔야만 할 수 있는 기도를 하기 시작했습니다. 그렇게 몇 시간 기도를 마치자 "그래. 이제 가도 좋아. 네 말을 이제 믿겠어. 평상시에 오랜 시간 기도를 해 본 적이 없으면 지금 이 자리에서 이렇게 오랜 시간 기도할 수 없었을거야."라고 하면서 가도록 허락을 해 주었습니다. 젊은 병사는 그의 생사의 기로에 선 난관을 잘 헤쳐나갈 수 있었습니다. 그는 어떤 어려움이 앞에 기다리고 있는지 알 수 없었지만 평상시에 잘 훈련된 그의 기도 습관 때문에 어려움들을 잘 타개해 나갈 수 있었습니다.

오늘날을 살아가는 우리 모든 믿는 자들도 앞에 놓여 있을 어려움들을 잘 극복해 나가기 위하여 훈련을 해야 합니다. 우리의 삶은 예측하기 너무 어렵기 때문입니다.

효과적인 기도 준비

야고보서 5장 16절은 모든 믿는 자에게 능력 있는 진리를 알게 해 줍니다.

CHAPTER 10 효과적인 기도로 가는 단계

> 이러므로 너희 죄를 서로 고하며 병 낫기를 위하여 서로 기도하라 의인의 간구는 역사하는 힘이 많으니라

효과적인 기도의 용사가 되는 것은 우리 하나님의 자녀들이 성취할 수 있는 실질적이고 가능한 목표입니다. 영국 병사처럼 목숨을 구하기 위해서 간절한 기도를 드려야 했던 그런 일은 우리에게 발생하지 않는다 하더라도 어떤 난관도 타개할 수 있는 준비가 평상시에 되어야 합니다.

모든 일은 준비로 시작합니다. 효과적인 기도의 용사란 날마다 하나님과 친밀하고 깊은 교제를 갖도록 준비하는 것으로부터 시작됩니다. 여러분들이 하나님과 함께 시간을 보낼 때만이 이 일이 가능해집니다. 여러분의 삶의 모든 영역에서 돌파력이 생겨날 것입니다.

기도 드릴 수 있는 마음의 준비를 해야 합니다. 그리고 하나님과의 교제를 쉽게 할 수 있는 환경을 조성함으로 시작해야 합니다. 주님과 효과적인 시간을 보낼 수 있는 좋은 환경을 조성하는데 도움이 되는 간단한 다섯 가지 방법을 나누기 원합니다.

STEPS TO EFFECTIVE PRAYER

조용한 장소를 찾으십시오

기도할 때 방해받지 않고 자유로운 기도를 드리기 원하십니까? 난관을 타개할 수 있는 돌파력 있는 기도를 하기 원하십니까? 먼저 혼자 있을 수 있는 조용한 장소를 찾으십시오.

기도할 때 방해 받고 싶지 않으시다면 8장에서 다룬 것처럼 기도를 방해하는 복잡하고 사람들이 많은 장소를 피하여 조용하고 은밀한 장소를 찾는 것이 중요합니다. 물론 친구들과 교회 사람들과 가족들과 같이 합심기도 하는 시간도 필요하지만 주님과의 깊은 기도를 위하여 주님과만 함께 할 수 있는 조용한 시간과 공간을 만들어야 합니다.

주님 앞에서 조용히 기다리십시오

앞에서 언급한 것처럼 다시 반복하겠습니다. 하나님의 존전으로 나아 가십시오. 그리고 그분이 가까이 계시는 것이 느껴질 때까지 기다리십시오. 여러분은 아마 "만약 주님이 가까이 계시는 것이 안 느껴지면 어떻게 하죠?" 라고 물어볼 수 있습니다.

그래도 기다리십시오!

CHAPTER 10 효과적인 기도로 가는 단계

걱정하지 마세요. 하나님은 이미 여러분 앞에 계십니다. 여러분의 마음과 정신이 하나님과 조율이 될 때까지 기다리세요. 여러분의 복잡한 마음을 비우시고 심령을 차분하게 가라 앉히세요.

무릎을 꿇고 주님 앞에서 조용히 기다리세요. 모세, 에스겔, 다른 선지자들이 고요함과 조용함과 차분한 마음으로 하나님 앞에 나와 모두 기다렸습니다. 여러분도 그렇게 하실 수 있습니다.

음악을 틀면서 기도하세요

아마도 나처럼 여러분도 주님과 시간을 보내야 할 필요는 느끼지만 기도하기에는 힘이 없고 기분이 다운되어 있을 것입니다. 이럴 때는 경배 찬양을 들으며 기도하는 것이 이 모든 것을 바꿀 수 있다는 것을 알았습니다. 이어폰을 귀에 꽂고 워십용 찬양을 들으면서 기도를 시작할 때 몇 분내로 성령님의 영광스러운 임재하심으로 빨려 들어가는 것을 느낍니다. 외부의 모든 영향력과 내부의 방해들이 떠나고 경배 찬양이 나를 새로운 단계로 끌어 올리는 것을 느낍니다. 셀 수 없을 만큼 많이 일어난 개인 경험 때문에 말씀드릴 수 있는 한 가지 사실은 기도에 사용 되어지는 음악은 반드시 경배 목적으로 가사가 적혀지고 작곡된 찬양이어야 한다는 것입니다.

오늘날 음악들은 우리의 감정을 흔들어 놓고 줄거리를 말하며 특정 메시지를 담고 있는 곡들이 많이 있습니다. 이들 음악 자체적으로는 문제가 없지만 각 곡에 맞는 장소와 시간이 있습니다. 이런 음악들은 우리가 하나님을 경배할 분위기를 조성하는 데는 도움이 안 됩니다. 여러분을 주님의 존전으로 안내할 수 있는 음악들이 필요합니다. 이것이 바로 사도 바울이 에베소서 5장 19절을 쓴 이유입니다.

> 시와 찬미와 신령한 노래들로 서로 화답하며 너희의 마음으로 주께 노래하며 찬송하며 (엡 5:19)

경배와 찬양은 여러분 앞에 무슨 일이 있든지 승리할 수 있도록 준비시켜 줍니다. 주 예수님과 제자들이 최후의 만찬을 나누고 떠날 준비를 할 때 어떠했는지를 기억하십시오.

마태복음 26장 30절에서 "이에 저희가 찬미하고 감람산으로 나아가니라"고 기록하고 있습니다. 예수 그리스도께서 결국 승리를 쟁취하셨습니다.

이런 이유 때문에 우리는 집회 때와 방송할 때 경배와 찬양을 강조합니다. 여러분이 지금 어떤 상황에 있더라도 여러분을 상승시키 주고 굳건한 반석 위에 서게 하고 승리할 수 있도록 준비시키는 경배와 찬양 음악에는 무언가의 힘이 있습니다.

CHAPTER 10 효과적인 기도로 가는 단계

성령님의 영감으로 기록한 바울은 골로새서 3장 16절 말씀을 통하여 서로 가르치며 권면하라고 말하고 있습니다.

> 그리스도의 말씀이 너희 속에 풍성히 거하여 모든 지혜로 피차 가르치며 권면하고 시와 찬미와 신령한 노래를 부르며 마음에 감사함으로 하나님을 찬양하고

요한복음 4장 24절에서는 "하나님은 영이시니 예배하는 자가 신령과 진정으로 예배할지니라"라고 기록하고 있습니다. 그리고 시편 29편 2절에서도 "여호와의 이름에 합당한 영광을 돌리며 거룩한 옷을 입고 여호와께 경배할찌어다"라고 선포합니다. 음악을 들으며 경배 속으로 들어가서 얼마나 더 효과적인 기도생활을 할 수 있는지 경험해 보시기 바랍니다.

전적으로 성령님을 의지 하십시오

주변에 방해하는 것들이 너무 많으면 돌파력 있는 기도를 하는 데 어려움이 있습니다. 전화가 울리고, 애들은 울며, 문 열어 달라고 차임벨이 울리고, 개는 짖어대고, 배에서는 배고프다고 꼬르륵 거리

게 되면 기도의 집중력을 잃어 버리고 표류하게 됩니다.

어떤 이들은 무릎을 꿇는 순간부터 하품을 하기 시작하여 졸음과 싸워야 하는 분들이 있습니다. 기도하는 대신에 성경 한 장 읽고 잠에 빠져 듭니다.

모든 믿는 자들이 효과적인 기도의 용사가 되기 위해서는 하나님의 도우심이 필요합니다. 시편 기자는 이 부분에서 전적으로 주님을 의지하며 하나님께서 그의 발걸음을 인도해 주시도록 간구했습니다. 시편 기자는 시편 119편 35절, 37절에서 "나로 주의 계명의 첩경으로 행케 하소서 내가 이를 즐거워 함이니이다 내 마음을 주의 증거로 향하게 하시고 탐욕으로 향치 말게 하소서 내 눈을 돌이켜 허탄한 것을 보지 말게 하시고 주의 도에 나를 소성케 하소서"라고 기도했습니다.

시편 80편 18절에서는 다윗은 "그러하면 우리가 주에게서 물러가지 아니하오리니 우리를 소생케 하소서 우리가 주의 이름을 부르리이다"라고 하였습니다. 다윗이 무슨 말을 하고 있을까요? 그것은 "제 혼자 힘으로는 할 수 없어요. 저를 도와 주세요!"라는 말입니다. 우리도 기도할 때 같은 요청을 드릴 수 있어야 합니다.

우리 자신에 대하여 죽고 주님께 전적으로 순복해야 할 때가 옵니다. 속이 빈 기도를 드릴 때 주님은 지치시게 됩니다. 하나님께서 "너희가 손을 펼 때에 내가 눈을 가리우고 너희가 많이 기도할찌라

CHAPTER 10 효과적인 기도로 가는 단계

도 내가 듣지 아니하리니 이는 너희의 손에 피가 가득함이니라"(사 1:15)고 말씀하셨습니다.

왜 하나님이 기뻐하지 않으실까요? 육신은 하나님을 기쁘시게 할 수 없고 육신의 기도도 하나님을 기쁘시게 할 수 없습니다. 우리는 성령님을 의지해야 합니다. 그러므로 우리는 "성령님, 저는 기도할 수 없어요. 저를 도와 주세요. 저를 통하여 기도해 주세요. 성령님 제 힘으로는 경배하기도 어렵습니다. 경배 받기에 합당하신 하나님께 기도 하도록 도와 주세요. 경배와 존귀를 받으시기에 합당하신 주님께 경배하도록 도와 주세요."라고 기도해야 합니다.

요한복음 4장 24절의 "하나님은 영이시니 예배하는 자가 신령과 진정으로 예배할지니라"는 말씀을 기억하시기 바랍니다.

하나님께로 마음을 여십시오

하나님의 관심만 끌기 위해서 하나님의 존전에 나아가는 것은 아무런 쓸모 없는 기도생활입니다. 우리의 심령을 읽으시는 하나님께서는 우리가 온 힘을 다하여 심령을 토로하며 가장 깊은 소원들을 하나님 앞에 내려놓기를 원하십니다. 여러분의 필요와 죄를 고백해야 합니다. 죄의 고백이 없이는 용서는 없기 때문입니다. "내가 토설

치 아니할 때에 종일 신음하므로 내 뼈가 쇠하였도다 주의 손이 주야로 나를 누르시오니 내 진액이 화하여 여름 가물에 마름 같이 되었나이다(셀라)"(시 32:3-4). 시편 기자는 "내가 이르기를 내 허물을 여호와께 자복하리라 하고 주께 내 죄를 아뢰고 내 죄악을 숨기지 아니하였더니 곧 주께서 내 죄의 악을 사하셨나이다"(시 32:5)라고 선포했습니다.

다윗도 시편 32편 6절에서 "이로 인하여 무릇 경건한 자는 주를 만날 기회를 타서 주께 기도할찌라 진실로 홍수가 범람할찌라도 저에게 미치지 못하리이다"(시 32:6)라고 기록했습니다.

마찬가지로 우리의 죄를 고백함이 없이 우리의 심령을 주님께 쏟아 붓는다는 것은 불가능합니다. 그가 우리를 씻어 주시면 말로 표현할 수 없는 하나님과의 친밀한 관계가 만들어집니다.

효과적인 기도에 대한 단계들

여러분이 죄를 회개하고 성령님께서 여러분의 심령이 기도하도록 만져주시면 다음 일곱 가지 기도의 단계로 인도함을 받게 될 것입니다.

CHAPTER 10 효과적인 기도로 가는 단계

고백

진정한 기도는 하나님이 누구이신지를 〈고백〉함으로 시작됩니다. 바리새인들의 협박을 받고 예수 그리스도의 이름으로 말하는 것이 금지된 후에도 베드로는 기도했고, 사도들은 하나님이 누구이신지를 고백함으로 하나님의 존전에 들어갔습니다.

> 사도들이 놓이매 그 동류에게 가서 제사장들과 장로들의 말을 다 고하니 저희가 듣고 일심으로 하나님께 소리를 높여 가로되 대주재여 천지와 바다와 그 가운데 만유를 지은 이시요 주여 이제도 저희의 위협함을 하감하옵시고 또 종들로 하여금 담대히 하나님의 말씀을 전하게 하여 주옵시며 손을 내밀어 병을 낫게 하옵시고 표적과 기사가 거룩한 종 예수의 이름으로 이루어지게 하옵소서 하더라 (행 4:23-24, 29-31)

주께서 치료의 역사를 베푸시고 이적과 기사를 행하시기 전에, 기도하던 장소가 흔들리기 전에, 사도들은 먼저 고백하기를 "대 주재여 천지와 바다와 그 가운데 만유를 지은 이시요"라고 하였습니다.

모세가 하나님의 보좌에 근접했을 때, 그는 하나님이 누구이신지를 고백했습니다. 시편 100편 4절에 "감사함으로 그 문에 들어가며 찬송함으로 그 궁정에 들어가서 그에게 감사하며 그 이름을 송축할찌어다"라고 기록했습니다. 진정한 기도는 하나님이 누구이신지를 고백함으로 시작됩니다. 기도를 통해 우리는 하나님께 영광을 돌리며 그의 거룩하시며 위대하심을 고백합니다.

나는 기도에 들어갈 때마다 항상 하나님이 누구이신지를 먼저 고백합니다.

"주여, 당신은 전능하신 하나님이십니다. 다음은 의로우시며 순수하시며 거룩하십니다."라고 고백한 후에 그의 위대하신 이름을 계속하여 높혀 드립니다.

> 하늘이 하나님의 영광을 선포하고 궁창이 그 손으로 하신 일을 나타내는도다 (시 19:1)

시편 기자는 항상 하나님을 높임으로 기도를 시작했습니다. 여러분은 능하신 하나님을 먼저 높혀 드리기 전에 우리의 요구만을 관철시키려고 하지는 않습니까? 먼저 그가 얼마나 위대하신 분인가를 고백함으로 기도를 시작하십시오. 하나님의 영광을 선포함으로 기도를 시작하십시오. 하나님이 누구이신지를 선포하기 전까지는 여러분은 진정한 기도를 드릴 수가 없습니다.

CHAPTER 10 효과적인 기도로 가는 단계

간구

하나님의 주권과 권능을 선포한 후에 우리의 필요를 그분께 아뢰야 합니다. 이 단계를 〈간구〉라고 합니다. 에베소서 6장 11절-17절에서 사도 바울은 "우리에게 하나님의 전신갑주를 입으라"고 말한 후에 "모든 기도와 간구로 하되 무시로 성령 안에서 기도하라"고 하였습니다(18절).

말 그대로 여러분의 요청들을 직접 하나님께로 가지고 가서 "주님, 이것이 오늘 내가 주님께 가지고 온 요구 사항들입니다."라고 말하라는 것입니다.

사도 바울도 "아무 것도 염려하지 말고 오직 모든 일에 기도와 간구로 너희 구할 것을 감사함으로 하나님께 아뢰라 그리하면 모든 지각에 뛰어난 하나님의 평강이 그리스도 예수 안에서 너희 마음과 생각을 지키시리라"(빌 4:6-7)고 기록하고 있습니다.

그는 우리가 구하기 전에 아시는 분입니다. 그러나 우리가 필요로 하는 것들을 또한 직접 듣기 위해 기다리십니다. 많은 사람들은 간구의 단계까지 와서 자신들이 필요로 하는 것들만을 기도하고 바로 마치는 경향이 있습니다. 간구 단계를 지나 다음 단계로 가려고 하지 않습니다.

간구 단계에서 멈추는 이들은 "이제 훨씬 낫구나. 이제 됐다. 그만 기도를 마치자."하면서 일어서 버립니다. 그리고 달려가 텔레비전을 보고 신문을 읽고 친구에게 전화를 하지만 하나님은 아직도 계속 그들을 기다리고 계심을 깨닫지 못하고 있습니다.

경배

간구 단계를 지나면 〈경배〉의 단계로 안내됩니다. 하나님이 누구이신지를 고백한 후에 여러분의 간구를 하나님께 제출하고 나면 심령 속에 평강이 몰려오게 되고 경배의 단계로 들어 갑니다.

> 여호와의 이름에 합당한 영광을 돌리며 거룩한 옷을 입고 여호와께 경배할찌어다 (시 29:2)

교제

경배 단계를 지나면 우리는 하나님과 친밀한 〈교제〉의 단계로 들어가야 합니다. 친밀하다는 말은 부적절한 단어일 수 있습니다. 우리가 그분을 경배할 때 하나님은 우리를 그분의 임재하심으로 채워

CHAPTER 10 효과적인 기도로 가는 단계

주시고 그 결과로 우리의 심령이 하나님의 풍성하심으로 채워질 것입니다. 그리고 거룩한 고요함과 친밀함이 남게 됩니다.

친밀함은 부족함이 없는 풍성함의 결과입니다. 하나님의 임재하심은 고요함과 친밀함으로 시작됩니다. 그리고 고요함과 친밀함은 우리에게 하나님께 대한 신뢰를 깊게 하여 이사야 30장 15절에서와 같이 "주 여호와 이스라엘의 거룩하신 자가 말씀하시되 너희가 돌이켜 안연히 처하여야 구원을 얻을 것이요 잠잠하고 신뢰하여야 힘을 얻을 것이어늘"(사 30:15)이라는 말씀처럼 우리 영혼이 힘을 얻게 될 것입니다.

사도 바울은 고린도후서 13장 13절에서 "주 예수 그리스도의 은혜와 하나님의 사랑과 성령의 교통(교제)하심이 너희 무리와 함께 있을찌어다"라고 선포했습니다.

중보기도

종종 "저는 중보기도자 입니다."라고 고백하는 사람들을 만나서 그들과 대화를 나누어 보면 중보기도의 개념이 단순히 다른 사람들을 위하여 기도해 주는 것으로 이해하고 있는 것을 많이 봅니다. 그러나 진정한 〈중보기도〉의 개념은 더 깊은 의미를 가지고 있으며 측

량할 수 없는 하나님과의 교제에서 나오는 결과입니다. 하나님과 친밀해질수록 우리 심령은 중보기도의 필요성을 느끼게 됩니다. 성령님께서 우리 심령을 사로잡을수록, 주님과 깊은 영적 교제가 이루어질수록 중보기도의 필요성을 강하게 느끼게 됩니다. 우리의 중보기도자이신 성령님은 로마서 8장 26절 말씀처럼 우리를 돕기 위하여 중보기도 하시고 계십니다.

> 이와 같이 성령도 우리 연약함을 도우시나니 우리가 마땅히 빌 바를 알지 못하나 오직 성령이 말할 수 없는 탄식으로 우리를 위하여 친히 간구하시느니라 (롬 8:26)

찬양

중보기도가 끝나게 되면 여러분의 영혼 깊은 곳으로부터 〈찬양〉이 흘러 나오게 됩니다. 왜냐하면 우리가 하나님의 임재하심에 기꺼이 순종하기로 마음을 먹음에 따라 거룩한 승리를 주시고 하나님의 의도를 잘 아시는 성령님께서 찬양을 하도록 우리를 인도하시기 때문입니다. 찬양은 중보기도의 결과입니다. 찬양할 때에 하나님의 뜻이 세상에 드러나며 우리 삶 속으로 들어오게 됩니다. 하나님의 적들

CHAPTER 10 효과적인 기도로 가는 단계

이 찬양에 의하여 묶임을 받게 됩니다.

> 그 입에는 하나님의 존영이요 그 수중에는 두 날 가진 칼이로다
> 이것으로 열방에 보수하며 민족들을 벌하며 저희 왕들은 사슬로,
> 저희 귀인은 철고랑으로 결박하고 기록한 판단대로 저희에게 시
> 행할찌로다 이런 영광은 그 모든 성도에게 있도다 할렐루야
> (시 149:6-9)

감사

찬양으로 승리한 후에 〈감사〉의 단계가 따라 옵니다. 감사는 찬양가운데 얻은 승리들을 확고히 굳히는 단계입니다. 사도 바울은 골로새서 2장 7절에서 "감사함을 넘치게 하라"고 우리에게 권면합니다. 그는 또한 데살로니가전서 5장 18절에서 "범사에 감사하라 이는 그리스도 예수 안에서 너희를 향하신 하나님의 뜻이니라"(살전 5:18)고 우리에게 말하고 있습니다.

기도는 하나님을 마지못해 일하시게 하는 것이 아니라 자발적으로 일하시도록 하는 것이다.

― 마틴 루터(Martin Luther)

애절한 신음 소리도 거절될 수 없는 기도들이다.

― 찰스 스펄젼(Charles Spurgeon)

기도는 우리가 더 큰 일을 하도록 하는 것이 아니라 기도 자체가 우리가 하는 큰 위대한 일이다. 우리는 기도를 더 큰 권능을 가지고 하나님의 일을 하기 위한 준비 운동으로 간주한다. 그러나 예수 그리스도의 가르침은 기도는 하나님의 권능에 의하여 다른 영혼들을 구원하는 기적의 역사이다.

― 오스왈드 체임버스(Oswald Chambers)

하나님이 우리에게 주신 가장 큰 능력은 기도의 능력이다.

― 캐더린 쿨만(Kathryn Kuhlman)

만일 비밀 기도를 무시하고 살면 하나님을 경배하는 모든 것을 무시하는 것을 보여주는 것이다. 다른 사람들과 기도할 때만 기도하는 것은 기도하지 않는 것이며 사람들이 볼 때만 기도하

CHAPTER 10 효과적인 기도로 가는 단계

는 것도 기도하지 않는 것이다. 기도하지 않는 것은 하나님을 경배하는 것을 포기하는 것이다. 기도는 우리 삶의 기본이다.

— 조나단 에드워즈(Jonathan Edwards)

나는 너무나 일이 많아 몇 시간을 기도로 보내지 않고는 절대로 다른 일을 할 수 없다.

— 요한 웨슬레(John Wesley)

예수님 때문에 하나님은 우리 기도에 무조건 응답하셔야 된다고, 하나님과 관계가 잘 안되어 있더라도, 불순종하며 살아 가더라도, 예수님 때문에 무조건 하나님은 기도에 응답하셔야 된다고 믿는 사람들은 성경을 아직도 한참 모르는 사람들이다.

— 찰스 피니(Charles G. Finney)

하나님은 우리를 축복하시기 전에 기도하는 법을 가르치신다.

— 매튜 헨리(Matthew Henry)

기도가 당신 삶의 운전대인가? 스페어 타이어인가?

— 코리 텐 붐(Corrie ten Boom)

하나님의 능력을 알려거든 보혈의 권능을 먼저 알라. 보혈의 권능을 앎이 없이 말씀의 능력, 성령의 권능, 기도의 능력을 아는 것은 불가능한 일이다.

— 알 에이 토레이(R. A. Torrey)

역자 후기

『응답 받는 기도의 비밀』을 번역하게 된 것은 하나님의 은혜요, 기도의 응답이었습니다. '베니 힌' 목사님을 존경하는 한 사람으로서 그분의 책을 번역하고픈 마음이 늘 있었으나 이번에 『응답받는 기도의 비밀』이 나왔다는 말을 들었을 때는 너무 늦은 후였습니다. 그러나 '혹시, 내게 기회가 오지 않을까' 하여 계속 기도하던 중에 〈베니 힌 사역팀〉에서 번역을 해 달라는 연락을 받게 되었습니다.

이 책을 번역하면서 저는 기도에 대하여 새롭게 많은 것들을 배울 수 있었으며, 기도할 수 있는 특권을 누리는 삶이 얼마나 귀한 은혜인지를 깨닫게 되었습니다.

제 1장부터 시작하여 한 장, 한 장이 넘어갈수록 저의 기도생활이 깊어지며 기도 패턴이 달라짐을 느끼게 되었습니다.

우리가 기도생활을 함에 있어서 물론 기도의 응답을 갈망하여 소리를 높이며 드리는 간구도 중요하지만 주님께서 원하시는 기도는 그분과의 친밀한 관계 속에서 온 마음과 온 몸과 온 영을 드리는 교제였습니다. 하나님과의 친밀한 관계, 하나님과의 깊은 대화는 한 차원 높은 기도의 세계로 우리 영혼을 이끌어 줌을 발견했습니다. 기도는 하나님과의 영광스러운 대화입니다. 내 마음을 토로하고 문제를 내려 놓고 상의하며 그분이 이루실 것을 온전히 신뢰하는 것입니다.

이 책이 한국어로 소개되면서 많은 분들의 기도의 생활이 깊어지시길 바라는 마음입니다. 성도님들의 개인의 삶 속에서 기도의 불길이 일어나길 원하며, 각 교회마다 강력한 중보기도의 용사들이 주님 앞으로 나오기를 소망합니다.

특별히 이 책의 출판을 헌신적으로 기도하며 교정으로 수고해 준 아내에게 깊은 고마움을 느낍니다. 책 출판을 도와주신 은혜 출판사 장사경 사장님과 직원 여러분들께도 깊은 감사를 표합니다.

역자 김유진 목사

토론토 주사랑 교회
http://www.joosarang.ca
joosarangca@naver.com